宏章家庭教育
Hondge Family Education
家庭教育新理念倡导者

3~6岁

儿童学习与发展父母大讲堂

社会性与情感

宏章家庭教育研究所 ◎ 主编

★ SHEHUIXINGYUQINGGAN ★

首都师范大学出版社
CAPITAL NORMAL UNIVERSITY PRESS

图书在版编目（CIP）数据

社会性与情感/宏章家庭教育研究所主编. ——北京：

首都师范大学出版社，2012.1

（"3~6岁儿童学习与发展"父母大讲堂）

ISBN 978 - 7 - 5656 - 0670 - 0

Ⅰ. ①社… Ⅱ. ①宏… Ⅲ. ①儿童教育：家庭教育

Ⅳ. ①G78

中国版本图书馆 CIP 数据核字（2012）第 011128 号

"3~6岁儿童学习与发展"父母大讲堂

社会性与情感

宏章家庭教育研究所　主编

策　划　李　锋　　责任编辑　靳丽霞　　责任设计　宏章·一品视觉

首都师范大学出版社出版发行

地　址　北京西三环北路 105 号

邮　编　100048

电　话　68418523（总编室）　　68982468（发行部）

网　址　www. cnupn. com. cn

北京天正元印务有限公司

全国新华书店发行

版　次　2012 年 3 月第 1 版

印　次　2012 年 3 月第 1 次印刷

开　本　700mm×1000mm　1/16

印　张　13.5

字　数　148 千字

定　价　29.80 元

前言

　　3~6岁是人生发展的关键时期，是一个蕴藏着极大发展潜力和可塑性的生命阶段，也是一个非常脆弱、容易被错误定向的时期。幼儿期的良好发展是幼儿后继学习与终生发展的坚实基础。作为基础教育的开端，幼儿教育关系着基础教育的整体水平和国民素质的提高，创造科学、优质的幼儿教育就是创造幼儿个人与社会的美好未来。

　　如今，各种育儿观念层出不穷，标准不一，很多父母都不知道该按照哪一方的观念来教育孩子。为了纠正和避免早期教育中存在的违背儿童身心发展客观规律与特点的超前学习、机械训练的误区，推动幼儿社会性和情感的健康发展，让父母对幼儿情感和社会性教育的理念有一个清晰的认识，我们为家长编写了《"3~6岁儿童学习与发展"父母大讲堂——社会性与情感》这本书。

　　刚出生的婴儿，他们对自己所做的事并不清楚，也没有"我"的概念，随着年龄的增长，孩子逐渐明白"我"的概念，并逐渐将自己和别人区分开。3~6岁孩子自我意识形成的表现，是孩子可以认识到他在自己生活的环境中所扮演的不同的社会角色，如在家里，孩子是父母的乖宝宝，在幼儿园，孩子又是听话的好学生等。

　　自我意识在整个社会性当中的重要性在于它是一个基础，成人的很多行为都是在自我意识的基础上发展起来的，它影响着孩子的自信、自力、自控，还有自知之明，这是自我意识对孩子的影响。家长要在这个阶段给孩子必要的自我肯定，并给他行为上的指导，让他知道这种好是在事实和过程当中体现出来的。

　　孩子的人际交往，主要指的是孩子与同伴、家长和成人之间的交往能力。同伴交往能帮助幼儿摆脱自我中心状态，增强幼儿的情感支持，促进幼儿社会认知的发展以及社会交往能力的发展；与家长之间的交往有利于促进亲子关系，让孩子感受到家庭的温暖、家人的关爱；与成人或年龄比自己大的孩子交往，可以让孩子获得更多的人生经验和素材，为他们未来心理和情感的健康发展提供保证。因此，家长一定要重视孩子人际交往能力的发展，根据循序渐进的原则，有目的、有计划地对孩子进行教育和引导，促进孩子积极、主动、乐观地进行人际交往。

　　3~6岁的孩子社会情感迅速发展，道德感、理智感和审美感都逐渐发展起来，并且，孩子调节情绪的认知策略开始出现，并随着年龄的增长逐渐加强。此时的爸爸妈妈，更要细致观察孩子的情绪变化，鼓励孩子说出心里真正的想法，然后告诉孩子正确的情绪应对方法，这样孩子的应对策略才会更加有效，让孩子懂得管理自己的情绪，控制自己的情绪。

　　本书基于3~6岁儿童身心发展规律与学习特点，以一整套比较明确具体的标准、指标与支持性策略活动，来反映国家对3~6岁儿童学习与发展的方向与应达水平的合理期望，并体现国家对幼儿教育的方向与质量的基本要求。家长可以根据这个年龄段孩子的特点以及领域发展的规律和趋势，为孩子创设培养积极的社会性和情感活动的环境。为了便于家长阅读，本书采用了大量丰富而翔实的材料，为家长能快速理解和掌握培养孩子社会性及情感的技巧提供帮助。

　　愿每一位孩子都能有一个快乐、积极、向上的童年！

目录

第一部分　自我意识

衡量自己,是衡量这个社会的开始,了解家庭,也是了解这个社会的开始。孩子最终要走出家门,走进社会,衡量自己和了解家庭,是他们为此跨出的第一步。

对于孩子来说,父母就是一面镜子,你的一言一行、一举一动都会影响孩子自我意识的发展。从父母的言行举止中,孩子认识了爸爸、妈妈,而从此他们也知道了,还有一个与别人不同的"我"。

孩子知道了"我是谁",并且有了自己的好恶。一个令他讨厌的小伙伴,会让他退避三舍,而一个令他喜欢的小伙伴,他会与之形影不离。"我喜欢""我讨厌"成了这个时期孩子的口头语。

孩子的胆子越来越大,不管自己能力够不够,什么都抢着干,弄得父母在旁边干着急。其实,着急大可不必,你看,干得了的他自然会干下去,干不了的他就会主动放弃。但是,无论努力还是放弃,这中间都缺不了我们的鼓励。

◆ 2. 衡量自尊和自信的标准　/019

自尊是自信的沃土,自尊是自信的温床,用自尊激发自信,孩子才能更健康的成长。

4 岁儿童标准　/020

每一位孩子都是父母的骄傲,那么,怎样用父母的骄傲来感染孩子,来建立孩子的自尊和自信呢?首先,我们要给孩子松绑,让他动手去做能做的事儿,让他知道,他的那一双小手,有着令自己惊讶的魔力。

5 岁儿童标准　/025

孩子睁开的第一眼,看到的是父母,但是自打他有了自我意识,每跨出一步,就要认识其他的人,经历很多的事情,父母要让孩子明白,他的眼里不该只盯着父母,要建立自信,要敢于和更多不熟悉的人打交道。

6 岁儿童标准　/029

"我是个乖孩子,虽然我经常闯祸,经常赖床,经常不愿意去幼儿园。"当孩子说出这些话时,家长一定不要笑,这是孩子能够评价自己的表现。孩子,你要知道,当个乖孩子是远远不够的,而是通过正确地评价自己来建立自尊和自信。

◆ 3. 衡量独立自主的标准　/034

孩子总有一天要自立于社会,从小培养孩子,自己的事情自己做、自己的东西自己管,这能增强孩子行动的独立性,对于孩子今后生活的幸福和成功无疑是有巨大的帮助。

4 岁儿童标准　/035

孩子不是玻璃人,一碰就碎,相反的,要让他们真正成为独立的人,磕磕碰碰、摔摔打打都在所难免,这是他们走向独立自主人格所必须经历的过程。

5 岁儿童标准　/040

当父母拿着自认为漂亮的衣服套在孩子身上时,当你们硬夹着自以为好吃的菜送到孩子的嘴边时,当你经过百货商店给孩子买各种各样的玩具时,你有没有问过身边的那个小家伙,他真的喜欢吗?

6 岁儿童标准 /046

每一个人认识新事物,都要经历一个从谬误到正确的阶段。孩子可以把"0"看做鸭蛋,把盘子看成月亮,这都是他们天真的想法,天真,但并不幼稚,因为,这是独立思想的萌芽,是他们无边无际的想象的起点。

第二部分 人际交往

◆ 1. 衡量乐于与他人交往的标准 /056

《找朋友》那首歌怎么唱来着?先要主动敬个礼,还要主动握握手,才能找到好朋友。

4 岁儿童标准 /056

他开始从自己小小的安乐窝里破茧而出,开始注意外面的人、外面的事儿。不管你有没有时间,他都要让你带他出去玩,带他来到那些小伙伴的身边,与他们一起嬉戏。

5 岁儿童标准 /062

孩子开始注意那些玩着更高级、更有趣的玩具的大哥哥、大姐姐们,他们或是有意接近,或是好奇旁观,总之,他们知道,如果自己和这些大哥哥、大姐姐们玩,也会很开心。

6 岁儿童标准 /067

孩子并不认识那个小朋友,可是他就是跃跃欲试,想跳过去和他一起玩。对于这种陌生小伙伴的天生好感,连他们自己也搞不清楚。也许,陌生小朋友代表着未知的经历,而孩子也总会对未知的经历感到好奇吧!

◆ 2. 衡量关心和尊重他人的标准 /072

感恩、尊重、同情,这些都是关爱他人的一部分,从一点一滴做起,孩子

目录

就会成长为关爱自己、关爱家人、关爱朋友、关爱他人的人。

④ 岁儿童标准 /073

吃饭时,给爱人夹夹菜;出门前,在给孩子整装的同时也不忘叮嘱爱人一句;一个西瓜切开来,总是一家人围在一起吃,让孩子懂得,关心、尊重他人,父母是孩子的榜样。

⑤ 岁儿童标准 /079

在生活中,我们陪伴着孩子,看着他一天天长大,让他懂得要孝敬父母、尊重老师、关爱他人、助人为乐,还要让他懂得珍惜友谊、珍惜幸福、尊重他人。

⑥ 岁儿童标准 /085

人与人之间的交往,都建立在真诚与尊重的基础上,只有尊重他人,才能尊重自己,从而才能赢得别人对你的信任。尊重他人是一种态度,是一种能力和美德,如果想让孩子能好好的与人交往,就一定要让他养成尊重他人的好习惯。

◆ 3. 衡量与同伴友好相处的标准 /091

让幼儿之间友好相处,游戏是桥梁,策略和技巧才是根本。

④ 岁儿童标准 /092

抢别人吃的,拿别人玩的,一点道理都不讲!您的孩子是否也是如此呢?没关系,告诉他,用别人的东西之前,要懂得征求对方的同意,不然,两个小伙伴很可能会大打出手……

⑤ 岁儿童标准 /097

现在都是独生子女,在家里什么都是他一个人的,所以很多宝宝都成了小霸王。家长要让宝宝学会分享,告诉宝宝,当他们将玩具分给别人时,自己没有损失,别人也会更加开心。

⑥ 岁儿童标准 /104

朋友不在多,而在精!有几个志同道合的小朋友,就能发展为一辈子的友谊。所以，要让孩子懂得，无论是意见不合，还是观点不同，有了矛盾，就要及时解决，毕竟，珍贵的友情来之不易啊！

第三部分　情绪情感

◆ 1. 衡量幼儿积极情绪的标准　

不哭不闹，常说常笑，孩子的情绪反应，可不是这么简单！

④ 岁儿童标准　

你的孩子常常破涕为笑，说变就变。有时大人的一点举动就可引起孩子哈哈大笑，笑声刚停止，就因为妈妈一句话哭了起来。该是让孩子情绪稳定下来的时候了。

⑤ 岁儿童标准　

交流和沟通，是让孩子保持愉快情绪的两把钥匙。爱的语言，是让孩子走出不安与彷徨的捷径。

⑥ 岁儿童标准　

塞翁失马，焉知非福。要让孩子经得起生活的敲打，遇到挫折，不要灰心失望，裹足不前，孩子本性豁达，更需要父母教会他们乐观积极地面对每一天。

◆ 2. 衡量会适当表达和调节情绪的标准　

孩子成长过程中的消极情绪，如果得不到及时调节，很可能影响他们的成长，所以，让孩子学会调节自己的情绪，是父母教育中非常重要的一环。

④ 岁儿童标准　

他沉默不语，爱答不理，一定是出问题了。快问问孩子，遇到了什么不愉快的事儿，要不然，消极的毒素必然扩散到他的全身，影响到他的将来。

⑤ 岁儿童标准　

孩子哭闹、沉默、不听话、不吃饭、不肯睡觉、不肯洗澡换衣服，与父母闹

目录

别扭,却又不能准确说出原因和心情,孩子这样,家长都快急死了。别急,要循循善诱,耐心地问他,宝贝怎么了?

⑥岁儿童标准 /143

孩子有什么心事不再憋着了,他们愿意找爸爸妈妈倾诉,愿意跟自己的父母和亲人分享他现在的情绪,让我们知道他们每天情绪的变化,进而在我们的开导下豁然开朗。

◆ 3.衡量社会情感的标准 /148

让孩子成为一个爱家人、爱同学、爱祖国、有责任心的小萝卜头。

④岁儿童标准 /150

4岁的孩子没有大人那么深沉的情感,可是,我们却更能从他们的表情和神态中看出,他们是多么喜欢生活在这个其乐融融的家庭,多么爱自己的父亲、母亲。

⑤岁儿童标准 /155

5岁的孩子在幼儿园学会了争强好胜,这其中一方面包含着孩子自身自尊、自信的成长,也包含着他们为集体夺得荣誉的一颗心。

⑥岁儿童标准 /161

滴水之恩,当涌泉相报。感恩之心,是人类最伟大的情感之一。孩子,不要忘记身边每一个曾经帮助过你的人,要懂得,我们有今天的生活,是接受了很多人的帮助才得来的。

第四部分　行为规则

◆ 1.衡量遵守基本社会行为规则的标准 /172

没有规矩,不成方圆。孩子在家里可以无法无天,但是,自从他踏进外部世界的那天起,就要学着去遵守一些基本的行为规则。

④岁儿童标准　/173

红灯停,绿灯行。不要不看车就横穿马路,不要和汽车抢马路。孩子,一起又一起的交通事故让无数父母揪心,你们一定要懂得保护自己啊!

⑤岁儿童标准　/178

请爱护公园的一草一木,他们也有生命;请爱护自己的东西,也爱护别人的东西;不要再伤害那些可爱的小动物,它们是人类的朋友。

⑥岁儿童标准　/183

俗话说,愿赌服输。虽然,我们不能教孩子赌博,但是我们可以教孩子基本的游戏规则。玩打沙包,被打中了就要下场,要让孩子知道,孩子的游戏有规则,成人的世界也有规则。

◆ 2.衡量诚实和公正的标准　/188

诚实与公正伴随着孩子,让他领悟出真理与正义。

④岁儿童标准　/189

生活中,有很多小朋友屡屡无端欺负同伴,当老师指出他行为错误并要求他改正时,他当即表示改正,态度良好。然而过不多时,攻击别人的行为再次上演。你的孩子,懂得欺负人是不对的道理吗?

⑤岁儿童标准　/193

分享是一种意识、一种能力、一种品质,是一切公正行为的基础。学会分享是孩子成长过程中的一项本领,需要父母的引导和教育。

⑥岁儿童标准　/198

人之初,性本善,每个宝宝在父母的眼里都是完美而可爱的。随着宝宝一天天长大,忽然有一天,我们发现,宝宝竟然学会了说谎!面对这种情况,我们父母该做些什么呢?

目录

3~6岁儿童学习与发展

父母大讲堂

——社会性与情感

自我意识不是天生的，婴儿出生时并没有自我意识。每个孩子都必须学着做一个真正意义上的人。人们曾经发现一个在完全与人隔绝的情况下活下来的孩子，这个被人称做"狼孩"的孩子没有语言，没有道德意识，没有对他人的需求，也没有同一性意识，他所有的仅仅是人的躯壳。

　　1岁左右的婴儿学会走路，认识到自己和别人是不同的，这是自我意识的最初表现。随着语言的发展，儿童开始用"我"来称呼自己，这是儿童自我意识发展到新阶段的标志。

　　1岁多一点的宝宝看到镜子里的自己，大多能知道镜子照的是自己的模样。2~3岁的小孩子，因为这个阶段的自我意识已经觉醒，孩子会经常说"不"，这是他自我意识的萌芽。他相信自己什么都能做，所以他什么都想亲自尝试。可是，事实上许多事他不能做，当事实和自己的想法出现差距时，小孩子的内心当然会有矛盾，所以，这个时候他发点小脾气也是可以谅解的。

　　到了3~6岁，这时候的孩子自我意识继续发展，能说出自己会做的事情，比如穿衣服，虽然穿得不好，但仍然执意要自己动手做。这些都是自我意识形成的表现。但这个阶段的孩子还不了解自己喜欢做什么，不喜欢做什么。

　　家长是否曾把自己想象为一面镜子？你的确是一面镜子——你的孩子用来认识自己的一面心理上的镜子，而且从镜子中得到的映像会影响孩子的一生。1902年，社会学家库利提出了"镜像自我"的概念，他认为，儿童靠观察别人（特别是家长）的脸色来确定别人对自己的态度和评价，就像是把别人的表扬与反应当做镜子。

　　孩子通过父母可以了解到自己的形象，并形成自我认识。所以，3~6岁宝宝要形成健全的自我意识，还需要家长在孩子身边做一些示范和引导。

1. 衡量对自己和自己家庭了解的标准

3~6岁孩子的自我意识的最主要内容就是先了解自己，在了解自己的基础上了解家庭成员，以及自己所居住地方的具体名称、位置，孩子总是随着年龄的增长，而不断提高自我意识的。

4岁的孩子能够清楚地记住与自己有关的事情，对自己做过的事可以重复去做，但是不经过训练往往不能主动说出，比如穿衣服，重复几次之后，便会做了，但是孩子并不能说出来自己"会穿衣服了""会穿袜子了"这些事情。父母要经常训练孩子说出自己会做的事情，比如，家长可以经常和孩子在一起，把孩子曾经做过的事一一说出，让孩子能够意识到，这些事情是他曾经做过的，是他自己能够做到的。

4岁的孩子已经认识了爸爸、妈妈，但是，爷爷、奶奶、外公、外婆他还不熟悉，家长应该多让孩子和老人接触，并时常告知孩子与老人的关系，比如，可以告诉孩子"这是爸爸的妈妈，你要叫奶奶"或"这是妈妈的爸爸，你要叫外公"等，让孩子逐渐熟悉和自己生活在一起的家庭成员。

5岁的孩子渐渐有了自己的爱好。孩子正确积极的兴趣、爱好，是孩子个性、能力、性格良好发展的重要表现。5岁的孩子一般对自己感兴趣的事情或自己喜欢做的事，会不顾一切而反复不停地去做，这有助于幼儿良好个性的形成，对孩子以后学业上的学习也是非常有帮助的。

6岁的孩子应该已经能够初步地衡量自己的能力，他们已经知道哪些事情是自己能做的，哪些是现在自己还做不到的。比如，6岁的孩子知道自己可以帮家人收拾房间，但是洗衣服、做饭这些家务活，他们知道自己还做不了。但是，家长也不妨让孩子去大胆地尝试，只有孩子真正做了这件事，才能够衡量它的难易。此外，6岁的孩子已经熟悉具体的家庭住址和家里的其他成员了。他们能够自己出去帮父母到楼下的超市买一些东西，而不会迷路，也认识了其他的叔叔伯伯。

3～6岁孩子自我意识的形成和发展的这一过程中，每一个细节都离不开父母的引导和帮助，只有在父母的指导下，孩子才能够在这3年中形成健全的自我意识，而在各年龄段中，由于对自我意识的发展标准各不相同，家长的引导方式也要跟随着孩子的年龄的变化而逐渐变化。

4岁儿童标准

标准内容

> 能说出一些自己会做的事；

> 知道和自己生活一起的家庭成员；

> 能说出自己家的住址及家长电话。

孩子的智力和语言能力在4岁这一年里会有许多显著的变化，比如，父母问孩子一些自我认识上的问题，而这时孩子的回答会五花八门。孩子也许会告诉你自己的姓名，也可能回答说自己是个男孩而不是女孩。如果你问他是大人还是孩子，他也许会说："我还小！爸爸是大人。"或者他会说："我是大孩子了"。这些最初的自我意识看似零零碎碎，但拼凑起来却表明孩子身上发生了一个重大的转变：孩子的头脑中已开始慢慢形成了一幅自我的图画。

在这个阶段，家长首先要引导孩子说出一些自己能做的事情，比如，在穿鞋子的过程中，要问宝宝："我会穿鞋子，你会吗？"其次，要让孩子知道生活在一起的家庭成员，比如在孩子的爸爸下班进屋后，妈妈可以引导孩子认识爸爸："宝宝，看谁回来了？他是谁啊？"孩子会回答说："爸爸！"

到了一定阶段，还可以教孩子说出自己家的住址和家长电话，这样将有助于儿童认识自己所处的环境，以及对家庭和家人的亲密程度。

典型案例

小玲的妈妈平时喜欢种花养草,小玲家里的花草芳香扑鼻,远近皆知。每天一大早,小玲就看见妈妈提一个"长鼻子"的东西去花房,她很好奇,就每天跟在妈妈身后进去看。

小玲的妈妈看到小玲这么好奇,就对小玲说:"妈妈这是在浇花。"小玲更好奇了,眨着大眼睛看着妈妈,妈妈又笑着对小玲说:"妈妈会给花浇水,小玲会吗?"然后把工具交给小玲,小玲学着妈妈做了一个动作之后,妈妈再问:"小玲会做什么了?"

小玲想了想,说:"浇花!"妈妈立刻抱起小玲,亲吻她的脸颊:"我们的小玲会浇花了,真棒!"

案例分析

在这个案例中,家长起初通过讨论自己的兴趣爱好、自己擅长做的事情,来启发儿童思考和谈论自己的相关特点。小玲的妈妈对小玲说:"妈妈会给花浇水,小玲会吗?"这样可以吸引儿童的注意力,用这种方式帮助孩子认识到自己能够做的事情，并通过激励和夸奖让宝宝对这一技能留下印象，使宝宝真正掌握这种技能。

在现实生活中，家长要引导孩子在"玩"中提高衡量自己的能力。不同年龄的孩子认识的世界是不同的，动手和动脑能力更是大有分别，家长要多在玩具的选择上下工夫。有时候，玩具买回来了，家长发现孩子玩了几天就失去了兴趣，这是因为，不同年龄段孩子的喜好不同。对于4岁的孩子，要发展他们的认知能力和动手做事的能力，一般可以给他们买简单的拼图玩具、成套的小盒、拼插玩具、中小型的积木；各种动物形象的毛绒玩具；娃娃、餐具玩具、家具玩具；各种交通工具玩具，如小汽车、卡车等。

专家指导

4岁是儿童一生发展的关键时期，引导孩子做一些事情，实际上是为了发展孩子的想象力、创造力，家长要抓住这一关键时期对孩子进行教育，让孩子学会求知、学会生活、学会关心、学会创造，为素质的全面提高打下基础。

（1）培养孩子善于发现问题、提出问题的习惯与能力。要多鼓励并认真倾听孩子的提问，遇事多问问孩子的意见。在谈话中记得问问孩子："你认为呢？""你的看法呢？""你对这事的感觉如何？""你有其他意见吗？"

（2）引导孩子对自己提出的问题进行分析，并设计解决问题的方法。如果成人想好方法，让孩子照着做，就可能使孩子失去了一个积极思考、寻找解决问题的机会。家长在家中不妨与孩子一起饲养小鸡、小鸭，观察记录它们喜欢吃什么；和孩子一起种种子，让孩子试一试、看一看，种在哪里的种子先发芽；家长还可以多带孩子到室外观察，找找春天哪种小虫子先出来，秋天什么树先落叶子……

第一部分 自我意识

（3）鼓励孩子按照自己的设想去实验、验证，寻找解决问题的方法，允许孩子犯错误，出现失败，反复实验，直至问题的解决。培养孩子坚持到底的科学精神。例如，父母听到电视里有歌声，就鼓励孩子也跟着唱，父母也可以和孩子一起唱。第一次孩子可能唱得并不好，但是没关系，以后，电视里一旦有这首歌，家长和孩子就可以一起跟着唱，宝宝学会了之后，要及时鼓励，增强宝宝的信心。

同时，要结合具体事件，在日常生活中提供各种机会，让儿童了解家庭成员及其相互关系。例如经常问问宝宝，家里有几口人，爸爸妈妈都是谁等。

亲子游戏

游戏内容：以动作产生为基础，对孩子提问，让孩子说一说人的身体中哪些地方可以活动。

游戏目标：启发孩子说出和初步认识到自己会做的事情。

游戏步骤：

（1）家长可以做各种肢体动作，引导宝宝。

（2）向宝宝提问，家长动作的含义。

（3）回答宝宝不知道的问题，反复引导，使宝宝的大脑对动作及其含义形成印象。

（4）鼓励宝宝将动作画出来。

有关讨论：

（1）孩子对大人的动作都理解吗？

（2）孩子能否记住动作的基本形式？能否将动作适当地模仿出来，或者画出来？

贴心提示

家长在引导孩子认识自己和家庭成员的过程中，一定要遵循一些必要的原则，一是趣味性原则。4岁儿童往往以无意注意为主，注意力不稳定，并伴随情感进行。只有当孩子对活动产生浓厚兴趣，大脑处于兴奋状态时，才会积极主动参与。针对这一点，家长要力求让孩子感到"玩"的滋味，"游戏"的滋味，在活动中融入趣味性，使孩子体验到创造的乐趣。二是循序渐进原则，家长要从孩子的兴趣需要和实际发展水平出发，在各阶段提出的要求应从简单到复杂，具有一定的层次性，能调动孩子的主动性、积极性，不断激发孩子创造的需要，使孩子的兴趣、需要得到满足，潜能得到发挥，个性得到健康发展。

5岁儿童标准

标准内容

➤ 知道自己的兴趣、爱好；

➤ 能说出父母的工作和主要爱好；

➤ 能说出自己家所在的村名或街名、小区名。

如果让一个4岁的孩子描述他自己，你很可能会听到下面这些话："我是谁，我穿着这套红色衣服。我今年4岁了。我会自己刷牙，自己洗

第一部分 ■ 自我意识

头。我有一套新的修补匠玩具，我盖了一座大房子（用积木）。"在说这些话的时候，孩子的自我概念是非常具体的。他们通常会提到可以看到的特征，例如，名字、生理外貌、财物和日常行为。

而到了5岁，孩子就会说出自己的喜好和兴趣，比如他们会经常对家长讲述他们喜欢和谁在一起玩，不喜欢和谁在一起玩，这表明，宝宝到了5岁已经在某种程度上意识到自己独特的心理特征。随着儿童对自己的喜好有了进一步的理解，他们知道，自己喜欢画画，但是不喜欢上算术课；喜欢玩游戏，但不喜欢老师教他们学写字等。而要使这时的孩子能准确描绘出自己的喜好，还有待于家长进一步引导孩子对自我喜好有更好的认知。

此外，家长还要引导孩子能够说出父母的工作和主要爱好。例如让孩子知道妈妈是医生，主要给病人打针吃药，让孩子知道自己喜欢吃苹果，并让孩子主动拿给爸爸妈妈吃等。还要让孩子能够说出自己家所在的村名和街名、小区名等，帮助孩子认识自己生活的环境。

典型案例

奥运会冠军邓亚萍的父亲是乒乓球队的教练，邓亚萍从小就被父亲带进运动馆，看运动员们打球、练球，耳濡目染，小小的邓亚萍渐渐地对那个转动的小球产生了兴趣。邓亚萍的爸爸看出邓亚萍对乒乓球感兴趣，有一次，爸爸把乒乓球递给她，问她："喜欢乒乓球吗？"邓亚萍对爸爸说："我要打球。"当时的邓亚萍刚刚5岁。最后爸爸郑重地点了点头。从那时开始，邓亚萍每天坐在爸爸的自行车后，由爸爸送她去训练馆练球。

在爸爸的支持和鼓励下，邓亚萍苦练乒乓球的基本功，不久便进入了郑州少年体校。父亲对乒乓球运动的喜好，使女儿也喜欢上了乒乓球；也正是父亲对女儿的支持、鼓励和正确指导，使她的球艺大有长进。通过刻苦训练，邓亚萍终于登上了世界乒乓球冠军的宝座，取得了一系列的辉煌成绩。

案例分析

　　邓亚萍的案例说明孩子在认知自己的兴趣和爱好方面需要家长的引导。邓亚萍的父亲为了培养邓亚萍的兴趣爱好，首先给她创造了一个能够培养爱好的情境，那就是运动馆和乒乓球训练。邓亚萍从小就看到了这项运动的魅力，从而渐渐对乒乓球运动产生了兴趣，而邓亚萍的父亲又适时地对邓亚萍做出了启发，最终使邓亚萍走上了奥运冠军之路。

　　在实际生活中，家长为了让孩子知道自己的兴趣和爱好，也可以创造出多种情境。比如，有的孩子对体育感兴趣，家长就可以给孩子买一个足球，孩子的卧室里也可以贴一些和足球有关的壁纸，看电视的时候也可以适度地让孩子观看一下足球比赛。再比如，有的孩子对音乐感兴趣，家长就可以给孩子创造一个音乐氛围较浓的家庭环境，让孩子无论走到房间里的哪个角落，都能感受到音乐的魅力。

专家指导

　　家长可以有意识地引导孩子关注自己的兴趣爱好和个人特长，比如，

第一部分　自我意识

妈妈可以对孩子说："我喜欢织毛衣，会织出很多花样，爸爸喜欢下棋，下得特别棒！宝贝你呢?"

（1）要注意观察孩子并适时地肯定儿童表现出的兴趣爱好，增强孩子了解和评价自己的能力。如"宝宝很喜欢跳舞啊！跳得真好啊!""宝宝把玩具收拾得真整齐"等。爸爸妈妈应该采取比较积极开放的态度，鼓励孩子多发现问题并解决问题，不要给孩子设下太多限制。

对于孩子来说，生活就是游戏，从游戏中更可以体验生活。孩子们天生就具备游戏的能力，透过游戏，孩子可以展现他的能力并进行学习。而爸爸妈妈在参与孩子游戏的过程中，更可以观察了解幼儿的能力及针对其需要协助的部分进行辅导。

根据一项研究，在幼儿时期经常有机会坐在爸爸妈妈膝上听故事、看故事的孩子，长大之后较容易有良好的阅读习惯，对于语言能力的发展也多有帮助。因此，爸爸妈妈除了给予孩子更好的物质生活之外，千万别忘记，花点时间陪着孩子一起玩、一起读书，这对于孩子来说比拥有更多玩具、漂亮衣服更重要。此外，使用一些幽默、笑话和有趣的故事启发孩子，对于想象力与创造力的发展也是很有帮助的。

（2）利用日常游戏、活动等，帮助儿童熟悉并清楚地说出家庭住址和所在地区。如带孩子散步时，有意识地引导儿童注意小区里的大树、花坛等。提供孩子接触各种不同类型活动的机会，如：音乐、艺术的欣赏、动植物的照顾、天文地质的探索、身体律动的练习等，不要预设孩子该学得多少的结果，爸爸妈妈可以从旁观察，在不同领域的学习活动中孩子们自然发挥着潜力，并朝着这些方向给予更多环境，刺激他发挥潜能。如：在进行音乐欣赏时，对于旋律节奏特别有反应的孩子，可能代表他在音乐方面是有潜能的。而常常蹲在路边观察昆虫活动的孩子，可能对于动物习性研究方面的学习是特别敏锐的，爸爸妈妈可以凭借生活中观察孩子的小细节、小动作，了解自己孩子的优势何在。

亲子游戏

游戏内容：父子之间的问答游戏。

游戏目标：使宝宝增加对动物的兴趣。

游戏道具：动物小卡片若干。

游戏步骤：

(1) 爸爸出示动物小卡片，和宝宝一问一答。

(2) 爸爸：什么动物大？宝宝：大象大。

爸爸：什么动物小？宝宝：老鼠小。

爸爸：什么动物水里游？宝宝：鱼儿水里游。

爸爸：什么动物天上飞？宝宝：鸟儿天上飞。

爸爸：什么动物耳朵长又长？宝宝：兔子耳朵长又长。

爸爸：什么动物肚皮长口袋？宝宝：袋鼠肚皮长口袋。

(3) 爸爸根据动物的特征编一些相关的问题，与宝宝一问一答。

有关讨论：

(1) 宝宝能够正确回答问题吗？

(2) 宝宝对哪些动物更感兴趣？

第一部分　自我意识

贴心提示

要让孩子知道自己的兴趣和爱好，首要任务是要发现孩子的兴趣。孩子小的时候，兴趣的产生常常与外界的各种影响（甚至可以说是诱惑）有关，比如，一个小孩看到其他的孩子学钢琴，他也想学，哭着闹着要钢琴。但实际上这个孩子真正的兴趣不是弹钢琴，而可能是演奏者漂亮的服饰，可能是别人羡慕的目光和掌声，可能是那不能轻而易举得到的神奇声音。

而这一切，当真的开始练习时就都不存在了，所以他没弹两下就不想学了。结果使家长很难确定孩子究竟有什么兴趣。这确实是一个问题，不过，如果没有尝试，不多给孩子一些机会，家长就更不能发现孩子的真正兴趣所在了。这时，家长需要多花点时间。其实，寻找孩子兴趣的过程也是一个不断尝试的过程。

6岁儿童标准

标准内容

- 知道哪些事是自己现在能做的，哪些是现在还做不到的；
- 能大致评价自己好的方面和不足之处；
- 知道自己家庭的主要亲属及其与自己的关系；
- 能说出自己现在居住地的省、市（县或区）名称。

6岁的孩子，心智和语言能力逐渐得到巩固和强化，同时，孩子面临着进入小学，要每天和同龄的孩子一起学习和生活，这就对他们的社会性和交流性提出了更高的要求。

在这个年龄段，家长要让孩子知道哪些是自己现在能做的，哪些是现在还做不到的。例如，家长在厨房做饭时，可以给孩子拿出一粒米，告诉孩子，大米都是农民伯伯辛辛苦苦种出来的，要节约粮食。大米种出来是生的，要把它们煮熟了才能吃，这个宝宝现在还做不了，等长大了就可以学着做饭了。节约粮食是孩子可以做到的，而做饭是孩子现在做不到的。在这个阶段，家长要让孩子对自己的能力有所了解。

家长还要引导孩子能大致评价自己好的方面和不足之处。例如，在学习过程中，家长可以让孩子知道自己哪一科的优劣。比如，在美术方面孩子做得好，就要经常鼓励孩子，但孩子算术不擅长，家长就要指出孩子哪里算错了，应该怎么算，以后要加倍努力等。要在比较中让孩子获知自己的优势和不足，比如，家长可以经常说，"宝贝要是算术算得和画画一样好就更好了"，以此让孩子知道画画是自己的强项，而算术是自己的弱项。

此外，这个年龄的孩子要知道自己家庭的主要亲属及其与自己的关系，还要能说出自己现在居住地的省、市名称，培养出基本的方向感和方位感。

典型案例

天娇从小独立性就很强，刚刚6岁就和大人抢着干家务活。这点让天娇的父母很欣慰。邻居们也都夸天娇是个懂事的好孩子。渐渐地，天娇就骄傲起来，以为自己什么都会做。

有一次下班后，妈妈买了韭菜，要给天娇包饺子。一开始天娇在屋里玩，后来发觉妈妈下了班开始在厨房忙活，就偷偷跑到厨房看妈妈在做什么。天娇问妈妈在做什么，妈妈说："妈妈正在择韭菜，准备给天娇包饺子。"天娇就走过去对妈妈说："我来帮你择菜吧！"妈妈笑了，没有拒绝，天娇拿起几根韭菜，就学妈妈的样子择了起来，还有模有样的呢。择韭菜看起来容易，做起来难，天娇费了好大劲儿，也没有把韭菜择干净，累得手都酸了。这时妈妈看到天娇气馁的表情，笑着对天娇说："择韭菜可是个细致活，等天娇长大了，手也变大了，就能把韭菜择好了，知道了吗？"天娇点了点头。此后，天娇明白了，有些事是她自己还做不了的，

第一部分　自我意识

要长大了才能做。

案例分析

　　在案例中，天娇虽然自主性很强，但是由于年龄和心智的局限，她还是不知道自己现在能做什么，不能做什么。她要帮妈妈择韭菜，妈妈一开始并没有拒绝天娇，因为这会挫伤孩子做事的积极性。妈妈循循善诱，看着天娇择韭菜，让她通过自己的行动证明自己。天娇在实际行动中感到了做这件事非常困难，此时妈妈告诉天娇，这件事现在天娇还做不了，长大了就能做了，让天娇明白自己现在的能力。

　　家长在现实生活中，也要和天娇妈妈一样，对孩子进行耐心的引导。有些家长做事非常急躁，孩子想做什么，就对孩子说"你才多大？你做不了"等等，这样说会极大地影响孩子做事的积极性。应该主动让孩子去尝试，不应该在一开始就拒绝孩子尝试的请求。这个年龄段的孩子因为被大人夸奖多了，都认为自己无所不能，只有让他们亲自动手做，让他们亲身体会到这件事的难易程度，孩子才能真正体会到"知易行难"的道理。

专家指导

　　6岁的孩子理解性比四、五岁的孩子都要强，所以家长要在引导孩子衡量自我和自己家庭方面花更大的精力。在引导孩子了解自己的优势和不足方面，家长可以结合具体事件，让孩子知道自己好的方面和有待改进的地方。例如，告诉孩子"宝宝爱学习，爱帮助别的小朋友，但有时候做事容易马虎"。利用日常生活中的机会，让孩子了解家庭成员及其互相之间的关系，可以利用全家聚会、走亲戚、看照片的机会，帮助孩子了解家庭的主要亲属以及如何称呼他们。要多带孩子外出，让孩子了解外面基本的环境，例如，带孩子去常去的公园，要放慢脚步，从一出门，便指引着宝宝注意观察附近的一些有标志性的物体，例如路标、红绿灯等，并用简洁明了的语言叙述给他。如"一出门，左边是公交车站，右边是中国建设银行直往前行不远是一个十字路口，十字路口的东边是光明街，西边是文化路"等等。

一回生，二回熟，边走边指边说，孩子很快就能把这些记住了。除了在路上讲给宝宝听之外，回到家后，妈妈还可以把这些路和标志性建筑的名称用卡片的形式一张张记下来，让宝宝把卡片按照在路上经过的先后顺序进行排列，然后自己叙述。

亲子游戏

　　游戏内容：寻找"萝卜"。

游戏目标：培养孩子的方向感。

游戏道具：准备一些红色和白色的萝卜，在自家厨房的冰箱外放一个菜篮。

游戏步骤：

（1）把萝卜杂乱地放在地上。

（2）给宝宝讲一个有关萝卜的故事："有一天，调皮的小松鼠到了兔妈妈家，把兔妈妈辛苦收集的萝卜弄得乱七八糟，宝宝快来帮兔妈妈整理萝卜吧……"

（3）让宝宝帮兔妈妈把红色的萝卜放在冰箱里面，白色的萝卜放在冰箱外面的菜篮里，红萝卜中大的放在冰箱的上层，小的放在冰箱的下层。通过摆放萝卜让宝宝了解上、下、里、外的方位概念。

有关讨论：

（1）宝宝是否能够把萝卜放在正确的位置上？

（2）重复训练，宝宝能否掌握正确的方位概念？

贴心提示

在这一阶段，孩子的社会性一旦被培养起来，他们就会开朗、积极地与他人接触。想要培养孩子的社会性，从婴儿时期起就应该发掘孩子开放的心灵。

家长要引导孩子向外界敞开心扉，要做到以下几点：

（1）教孩子爱护动物，给孩子向外界释放自己的爱的机会。

（2）妈妈紧紧抱着孩子，让他感觉到拥抱的愉悦。

（3）通过帮助他人，让孩子体会到帮助他人的喜悦。

（4）充分夸奖孩子，让他充满自信。

当孩子体会到了接受爱时的愉悦，那么自己也就想要付出爱。如果自己所做的事情都得到了夸奖，那么孩子就会产生"还要做"的兴趣。在关爱、夸奖中长大的孩子，对自己很有自信。这种对自身的认同感，会使孩子的心向外界敞开，这样就成功培养了孩子的社会性。

请家长巧妙地表达自己的爱，在日常生活中播下爱的种子。经常让孩子帮你做一些力所能及的小事，并真诚地表扬孩子。

◆ 2. 衡量自尊和自信的标准

对于父母来说，孩子是他们的骄傲，对于这个小不点，家长寄托了太多的梦想。父母要有一双善于发现的眼睛，去发现孩子身上的优点，这样做以后，父母就会发现孩子真的不简单，是自己的骄傲，这样才会帮助孩子建立起自尊和自信。

孩子在刚出生的时候，还没有建立起初步的自尊和自信，那时候一个奶嘴，就能够让孩子体会到安全感。随着时间的推移，到了3岁，孩子有了初步的自尊和自信，但是表达上却和成人有着明显的区别。比如，拒绝父母给他穿衣服，拒绝父母喂他们吃饭等，其实，这都是孩子具有自尊、自信，形成独立人格的表现。

4岁的孩子，更加关注自尊心和自信心，他们重视父母和老师的每一句评价，重视自己在小朋友心目中的形象，这个时候的父母要多赞扬和鼓励孩子，这样做有利于孩子自尊和自信的建立。

蒙台梭利认为：孩子的自信程度表现在他的行为中，如果孩子缺乏对自己能力的自信、对自己价值的信任，那么他所表现出来的就是缺乏效率、缺乏积极主动性，他们不会通过积极参与和贡献，来寻找自己的归属感。每天对孩子说一次"我爱你"，赞扬孩子某一件事情完成得很好，花一些时间和孩子一起做做游戏，哪怕几天加起来的时间只有10到20分钟，但这对培养孩子的自尊心和自信心非常重要。

孩子到了6岁，由于语言和心智的增长，已经能比较流畅地表达自己的观点了。由于有了表现欲和表达欲，他会认识更多的小朋友，这个年龄段的孩子，对谁都"自来熟"，认识或不认识的，都敢勇敢上前去表达。

有的家长把孩子这种表现定义为"淘气""没礼貌"，实际上，这是孩子想要表达自己感受别人的表现。

家长在这个阶段应该让孩子勇敢地表达自己，活泼好动毕竟是孩子的天性，孩子的肢体语言相对会比较多，这时，父母要着重培养孩子的社会表达能力，这也是为他们将来可以在社会中更自信地表达自己的观点做准备。

4岁儿童标准

标准内容

> 对自己的行为或做出的成果感到满意。如对能收拾好自己的东西或捏个泥娃娃感到得意；

> 敢在熟悉的人面前说话或表演等；

> 受欺负时能寻求帮助。

你是否发现，这个年龄段的孩子，如果你夸他一句，他能够美上半天？随着孩子的沾沾自喜，他们的自尊心和自信心也树立起来。有的儿童教育家认为，在儿童教育方面不存在过度表扬的说法。如果你的孩子向你展示一幅他画的图画，你完全可以给他 100 分，告诉他这幅画简直棒极了。如果这幅画并不是他最出色的一张，你至少可以找出某个角度说一些鼓励的话：这些蓝颜色用得真漂亮！这个阶段的孩子能对自己的行为或做出的成果感到满意。

即使你发现他做得并不好，比如孩子把他写给奶奶的信交给你看，你发现信上的字非常潦草，你也不应该只说："这是什么呀？拿回去重写一遍。"你可以婉转地告诉他："这上面的字不是你写得最好看的字。我见过你写得更漂亮的字，为什么不写一张更漂亮的呢？"通过实事求是的评价，用婉转的方式表达出实际情况，能够鼓励孩子在做事时尽更大的努力。这种事情发生次数越多，孩子自我表现的机会也就越多，就越容易培养孩子的自尊心。

让家长在这个年龄段多鼓励、表扬孩子，是因为 4 岁的孩子，首先要能够对自己的行为或做出的成果感到满意。自己能够叠被子了，这之前都是大人做的事情，如今自己也能做了，孩子会为此感到得意，自尊心和自信心也会大大增强。

此外，4 岁的孩子还勇于在人前说话表达自己、表演节目等。大胆地在人前表现自己，这本身就是自信的一种表现。在与小朋友的社会交往中，受欺负的时候能够寻求帮助，不白白地被人欺负，这也是一种自尊自爱的表现。

总之，在善于表现的同时保护自己，是 4 岁儿童自尊心和自信心初步形成的主要标准。

典型案例

小华的妈妈第一次参加家长会，幼儿园的老师说："小华平时上课不老实，在板凳上连三分钟都坐不了。"

回家的路上，小华问妈妈老师都说了些什么，妈妈告诉他："老师表扬你了，说宝宝原来在板凳上坐不了一分钟，现在能坐三分钟了。其他同学的妈妈都非常羡慕妈妈，因为全班只有宝宝进步了。"

那天晚上，小华破天荒吃了两碗米饭，并且没让她喂。

后来又开家长会，老师对小华妈妈说："小华的数学不好，10 道算术题只对了两道。"回到家里，妈妈对坐在桌前的小华说："老师对你充满信心。他说了，你并不是个笨孩子，只要能细心些，一定会算对更多的题目。"说这话时，她发现，儿子的眼神一下子充满了光，沮丧的脸一下子舒展开来。

从此以后，小华变得非常懂事，好像长大了许多。上课时变得非常专心，数学也进步了很多。老师特地来请教小华的妈妈，是不是给小华做了什么辅导，小华妈妈笑着说，自己只是多夸奖了小华几句。

老师和妈妈都对你有信心。

案例分析

在案例中，小华虽然有很多不足，但是由于小华的妈妈坚持鼓励和赞扬小华，最终使小华建立了自尊和自信，克服了这些不足。有时候，家长在面对孩子的不足时，不要一味地批评，例如，孩子功课做得不好，家长切记不能对孩子说"你怎么这么笨"，这种话会严重影响孩子的自尊心和自信心的发展。要对孩子给予最大限度的包容和鼓励，有时候孩子可能会向你发问"为什么我必须这样做"，有的家长就会回答，因为我是你的爸爸或妈妈，我说你要这样做，你就得这样做，以后我会告诉你为什么。这种强迫性的方式并不能解决问题。家长要鼓励孩子继续尝试，继续努力，让他们相信自己一定能够将事情做好。

专家指导

赞美孩子要发自内心，要真诚、客观。有些家长赞美孩子全凭心血来潮，见到孩子就说：哎呀，宝贝，你可真好，妈妈喜欢你！把孩子弄得一头雾水，不知所云，这样的赞美只能助长孩子骄傲任性的心态，而对正确树立孩子的自尊自信则全无帮助。

（1）好的赞美应该是有针对性的，而不是空洞的赞美。比如孩子把房间的某一部分收拾得很整洁，妈妈可以说，"我喜欢整洁的房间""你收拾得真干净""作为家庭成员，你分担了一部分家务，我很高兴"。这样的赞美，一方面鼓励了孩子，另一方面有利于培养孩子的责任感。

又比如，带孩子去公园玩，走了很多地方。妈妈看到孩子好的行为时，要给予及时的、具体的表扬："宝贝儿，刚才你在公园路上帮助那位老爷爷过马路，妈妈觉得你真是一个很有爱心的孩子啊。"而不是仅仅表扬孩子说："你今天表现得很好，真乖。"正确的语式应该是"当……我觉得……，因为……"，"当你扶着老爷爷过马路时，我觉得你是个有爱心的人，因为你帮助了需要帮助的人。"这样，孩子才明确地知道了妈妈的导向和表扬的原因，更清楚自己以后该怎么做了。

（2）在自己的孩子受到欺负时，应该通过家长或老师来解决问题，以便帮助他们明辨是非。

孩子年龄小，要靠家长来言传身教，正确引导。如果孩子受了欺负，首先应该找对方的家长，让他去严格教育自己的孩子。老师对孩子间的交往也应有一定的指导、教育责任。对孩子的纠纷，如果家长不便直接介入，可以通过老师找欺负别人的孩子或其家长谈话，协商教育。

亲子游戏

游戏内容：家庭"歌唱比赛"。

游戏目标：培养孩子的自信心，让孩子敢于表现自己。

游戏道具：麦克风、音响等。

游戏步骤：

（1）问清孩子在幼儿园正在学习的歌曲，购得相关歌曲的光碟。

（2）父母一起学习这些歌曲。

（3）举行一场家庭"歌唱比赛"，父母和孩子一起参与，让孩子把从幼儿园学习的歌曲向父母大胆"秀"出来。

有关讨论：

（1）孩子是否学唱过歌曲？

（2）孩子是否敢于去更大的场合参加类似活动？

贴心提示

天下的父母都希望自己的孩子样样优秀，但每个孩子皆有各自的优缺点，家长应坦然接受孩子的缺点，多加发掘孩子的优点。不要一味着眼于孩子表现不好的地方，说他怎么老是做不好，或他怎么会那么笨，本来就已受了挫折的孩子，不但得不到爸妈的安慰，还会因父母的这些话觉得自己真的很笨，再努力也没有用，容易"破罐子破摔"。

孩子最大的信心，其实是来自他所在意的人对他的看法。而父母对孩子早期自信心的发展，更是扮演了关键角色。如果父母对孩子的态度疏离冷淡，会让孩子打不起精神去面对生活中的挑战，心里总是浮出这样的念头："随便做做算了！反正也没有人会在乎我！"相反，如果给予孩子适度的关心，对他表示赞赏；告诉他其实家长知道你很努力了，这样的结果也不错啊！只要下次再加一把劲就行了！孩子就真的会更努力地去尝试，最后往往会达到出其不意的效果。

5岁儿童标准

> - 为自己的优点和长处感到自豪；
> - 敢在不熟悉的人面前说话或表演等；
> - 受欺负时能据理力争；
> - 敢于尝试有一定难度的活动。

5岁的儿童比4岁儿童更加重视自尊和自信，所以，家长要引导这个年龄段的孩子能够为自己的优点和而长处自豪。优点和长处在孩子的思想观念中被认为是好的方面，孩子会认为这些好的方面是别人没有的，即便有，也认为自己好的方面是比别人更好的。因此，孩子知道自己的优点和长处，能为自己的这些好的方面感到无比自豪。例如，让孩子知道自己记忆力好，会背很多唐诗，孩子就会感到由衷的自豪，会时不时地向小朋友们说"我昨天又学会了一首唐诗，妈妈直夸我聪明呢"。

此外，5岁儿童自信的表现，还体现在敢于在不熟悉的人面前说话或表演。例如，敢于在幼儿园的联欢会上为同学和老师表演节目，敢于走上更大的舞台，参加由社会组织的儿童比赛等。也许在比赛中，孩子没有获奖，但是，家长不需要太过苛求孩子，只要让他努力，重在参与就好。

这个年龄的孩子还敢于在受欺负时据理力争。重点表现在孩子与其他小朋友发生冲突时，自己吃了亏，能够说出自己的理由来回击对方。孩子能够认识到自己是有权利表达自己看法的，并把自己的看法说出来，从而为自己的行为和对自己不利的形势找到出口。家长要引导孩子重视自己的感受，敢于用语言表达自己的意见。最重要的是，增强他的自信心。比如，平时在家里，家长就要鼓励孩子大声说话，很多事情要和孩子商量，让他意识到自己的价值，知道维护自己的权利。

同时，要教他怎样保护自己。比如告诉他，如果有小朋友想打你，你

第一部分 自我意识

可以生气地盯着他的眼睛看，警告他不许打人，或者直接把他的手推开；如果小朋友真的打你了，你又打不过他，那就去告诉老师。

5岁的孩子敢于尝试有一定难度的活动。例如，孩子由于富有好奇心，特别喜欢动手拆玩具、闹钟等，往往弄得满地零件，实际上，拆卸玩具等对于孩子来说是有一定难度的，因为每卸下一个螺丝，孩子都要动很多脑筋。面对这种情况，家长应给予理解与宽容。有调查表明，大约有40%的成才者小时候都有过拆解东西的经历。家长要知道好奇心是儿童智慧的火花，要尽量满足孩子的好奇心，培养孩子的求知欲望。

在尝试一些有难度的活动中，孩子时常会"闯祸"——毁坏东西，所以家长往往采取高压控制的做法，不让孩子随便动手。但是家长要明白，孩子由于尝试而毁坏了东西，但换回来的却是更加宝贵的东西——独立性和自尊心的增强。

典型案例

刘宇要拿跳绳到外面玩，却忽然发现自己的跳绳不翼而飞了，便赶紧翻书包，可还是毫无结果。于是，他怀疑是自己的小伙伴小群干的好事。

刘宇走上前，推了一把小群："你为什么偷我的跳绳！"

小群猛地被推了一下，又听见刘宇骂他是小偷，小脸气得"黑红"。然而，由于刘宇是幼儿园里的"小霸王"，个头大，总是爱欺负别的小朋友，所以，即使小群被冤枉了，他还是一声都不敢吭。

"小偷！"看见小群不敢说话，刘宇更得意了。

回到家里，小群觉得很委屈，就去找妈妈倾诉，妈妈对小群说："下次如果刘宇再说你偷了东西，你应该跟他说'我既没看到你的跳绳，更没拿你的东西。你的心情我可以理解，但如果你硬要说是我拿的，请把证据摆出来。'或者，请同学和老师评评理。"小群点了点头。

后来，小群找到了老师，向老师说明，他没有偷刘宇的跳绳，并拿出了自己的跳绳给老师看，老师了解了情况后，把刘宇叫到办公室，批评刘宇说，说人家是小偷是要讲证据的，况且小群自己有跳绳，没有必要偷你的。在老师的教育下，刘宇向小群道了歉。

案例分析

案例中，小群在受到欺负时，最开始没有反抗，而是逆来顺受。妈妈知道这件事后，告诉小群，要大胆地反击，据理力争，寻求老师的帮助。其实，所谓的据理力争，争的是什么？争的其实就是一个"理"字。

在孩子受到欺负时，家长要引导孩子去面对欺负自己的人，让你的孩子告诉他，他给别人带来的感受是什么，并且要求他停止粗暴的行为。有些侵犯者面临挑战时，会收敛和停止自己的错误行为。例如，当孩子在幼儿园受"欺负"时，要告诉孩子，应勇敢地对欺负自己的人说"你这样欺负人是不对的""你不能这样欺负人"等。

专家指导

孩子在幼儿园受了欺负，家长要注意观察孩子的表现：如果孩子没当回事，继续高兴地玩耍，家长也就不要再追究；如果孩子很伤心，很委

第一部分　自我意识

屈，家长就先问清事情的来龙去脉，公正客观地帮助孩子进行分析，要尽量培养孩子活泼开朗的性格和勇于表达、敢于据理力争的勇气。要力劝孩子别在欺负他的人面前哭，哭泣只会导致对方变本加厉地嘲弄。教孩子表现出自信心，比如，告诉他注视着欺凌弱小者的眼睛说："住手，我可不喜欢你所做的事情。"然后，昂首挺胸地离开。

亲子游戏

游戏内容：通过扮演不同的角色，将孩子积累的各种生活经验再现出来。

游戏目标：发展其外在的表现力。

游戏道具：布娃娃、桌子、椅子。

游戏步骤：

（1）创设情境，分客人、"娃娃"、屋主人等。

（2）设置客人来家拜访的情节。

（3）创造情节，例如，娃娃突然生病了等，让孩子在处理问题的过程中学会表达自己。

有关讨论：

（1）孩子是否能够融入到游戏的情节当中？

（2）孩子是否能够清晰地表达自己对事情的看法？

贴心提示

作为家长，我们常常有一种先入为主的概念，认为孩子到了某种年龄才能做某类事情。但是，往往孩子在那个时刻是可以做得很好的，家长却人为地推迟了他学会本领的时间，而且最关键的是，这种做法会使孩子失去自信，怀疑自己的能力，减弱他们的进取心。这种消极影响将会对孩子的一生都有作用。比如，很多孩子自理能力差，到了4、5岁还不会自己穿衣服、系鞋带，实际上，不是孩子学不会，而是家长缺少了应有的鼓励，孩子找不到学这些东西的自豪感，最后往往耽误了孩子。家长在这个阶段，要积极地鼓励孩子自己努力去探索、去追求、去锻炼孩子的自觉性，只有通过各种锻炼和尝试才能使孩子在不久的将来成为一个有用的人。

6岁儿童标准

标准内容

> 接纳自己的相貌和身体特征；

> 敢在较多的人面前说话或表演等；

> 能拒绝别人的不合理要求，也能接受别人的合理拒绝；

> 遇到困难时，能自己想办法解决，不轻易求助。

孩子到了6岁，自我意识继续发展，已经能够评价自己。你会发现他们开始注重自己的外表，开始有意识地爱打扮。这一点在女孩子身上体现得尤为明显。几乎每个6岁孩子的父母家里都会有一个每天爱照镜子臭美的小家伙儿。实际上，这是孩子自尊心和自信心发展的一种表现。孩子希望每天把自己打扮得漂漂亮亮的，获得父母、老师以及小伙伴们的肯定，

第一部分 自我意识

这说明，6岁的孩子，已经能够接纳自己的相貌和身体特征，并尽力追求完美。

此外，6岁孩子的"胆子"也越来越大，敢在较多的人面前说话和表演，敢于参加学校的一些较大型的文艺演出，在舞台上，他们敢唱敢跳，丝毫不怯场，俨然是舞台上的"小明星"。不仅在公共场合，在家里也一样。6岁的孩子普遍都是话痨，会时常缠着父母说一些学校里的事情，孩子肯说，就证明他们愿意交流和沟通，父母要抓住这个机会，引导孩子形成正确的生活观念。

随着自尊心和自信心的进一步增强，6岁的孩子已经不像以前那样容易受别人的影响、挨别人的欺负了。他们有时候会和其他同学在学校里起争执，会拒绝别人不合理的要求，而父母要在这个阶段教会孩子如何接受别人的合理要求，同时接受别人的合理拒绝。既不要让孩子成为总受欺负的"老实人"，也不能让孩子在与同学交往中成为"小霸王"。父母在与孩子交流的过程中，还要培养孩子自己思考和解决问题的能力，"自己动手，丰衣足食"，要让他们懂得，今后的路还很长，当遇到困难时，要自己想办法解决，不要轻易求助。摔了跤就要自己爬起来，栽了跟头就要自己记住教训，这样才会更快地长大成人。

典型案例

婷婷今年刚满6岁，现在跟她最亲密的要算她那面小镜子了。每天只要一有空，婷婷准把小镜子拿出来仔细端详一番。从小家人就夸婷婷漂亮，起先她自己也是抱着自我欣赏的态度来照镜子的。但是，有一次在学校，婷婷的一位男同学笑话婷婷："大家快来看，婷婷的眼睛像不像黄豆粒？"一下子把婷婷说哭了。原来，婷婷眼睛很小。回到家里，婷婷将同学的话告诉了妈妈，妈妈笑着把镜子放到婷婷面前，对婷婷说："婷婷，你的眼睛是很小，但是一点都不丑，很漂亮，你永远是我们最漂亮的小公主。"

听了这句话，婷婷喜笑颜开。从那天起，那位男同学又说她眼睛小，可是婷婷全都不在意，因为她知道，自己的眼睛很漂亮，她是爸爸妈妈的小公主。

案例分析

在案例中，婷婷听了班里同学的话，开始对自己的相貌产生了怀疑。婷婷的妈妈及时地鼓励了婷婷，让婷婷重新找回了自信。这个阶段的孩子，很注重自己的相貌和身体特征。比如，如果家里来了客人，夸孩子漂亮、可爱，孩子就会喜欢这位客人，愿意和他套近乎；反之，如果有人指责他的相貌，孩子就会觉得很委屈，每天都闷闷不乐。由于受现在饮食结构的影响，"小胖子"越来越多了，因小伙伴嘲笑胖孩子的做法，而造成体型较胖的孩子自尊心受创的案例很多，这就给孩子的家长提出了要求，一方面是调整饮食结构，让孩子多加锻炼；二是要鼓励孩子，让孩子接纳自己的相貌。要让他们懂得这样一个道理：人的外貌各不相同，各有美丑，但是这都不是决定因素，决定因素在于你对自己的态度，因为别人对你的态度，取决于你对自己的态度。要告诉孩子在和别人交往时端正态

第一部分 自我意识

031

度，就会在无形中传递出这个信息——我是一个可爱的人，是一个有魅力的人。孩子逐渐就会得到别人的接纳和欣赏。反之，如果你觉得自己是一个没有魅力的人，你就仿佛用一种无声的语言告诉别人——我是没有魅力的，我是不值得喜欢的。别人就很自然地不会喜欢你。

专家指导

欣赏自己、接纳自己是一种积极的人格特征。许多专家发现能够接纳自我的孩子，都认为自己有能力、有吸引力，充满自信；而自我接纳水平低的孩子，则总对自己持怀疑态度，在事情不顺利时，会自我谴责，总认为别人比自己强。

孩子们是从父母、老师、小伙伴以及其他对自己有影响的重要的人对自己的评价中了解他们是谁，他们怎样影响别人以及他们是否重要的。家长要让这个阶段的孩子明白一个道理：要学会喜欢自己。如果你从心底里喜欢自己，接纳自己，那么你就会用灿烂的微笑重新审视自己：胖一点是丰满，瘦一点是苗条，矮一点是敦实，高一点是挺拔，几个雀斑，鼻梁的形状，额头上的疤痕，都会是一种俏皮而别致的独特风采，哪里还有什么弱点。只要孩子能够学会欣赏自己，喜欢自己，他身上的一切都闪耀着独特的风采。

游戏内容：父母与孩子共同用树叶拼贴一幅画。

游戏目标：培养孩子动手做事的自信心。

游戏道具：平整的小塑料袋、树叶（或彩色纸）、双面胶、儿童用剪刀。

游戏步骤：

（1）找一个平整的小塑料袋（包装 DVD 或贺卡），把塑料袋的一条长边和一条短边剪开，方便作画。

（2）用双面胶把一些不同形状和颜色的叶子和苔藓等贴在内侧。

（3）再把塑料袋打开的一侧盖上，恢复原状，拼贴画就完好地保存在塑料袋里了。

（4）把它贴在窗户上。如果树叶不好弄到的话，你也可以用纸剪一些叶子来代替。

相关讨论：

（1）孩子是否能够贴出形象的画面？

（2）孩子是否在活动中培养了自己动手做事的自信心？

贴)心)提)示

专家研究表明，孩子能否正确地接纳自己在很大程度上取决于父母之间关系是否和睦，父母对孩子的爱、理解、信任和鼓励程度，以及是否以自己的孩子为荣等因素。如果父母关系和睦，家庭气氛就会融洽，家庭成员的归属感就会得到满足。在这样的家庭里成长起来的孩子能在父母身上学会爱其他人并被爱，尊重其他人并被尊重。

孩子会经由家庭这一团体来体会自己在社会上的地位，肯定自己，树立自信。如果父母对孩子的爱、理解、信任和鼓励程度比较高，孩子会在温暖的家庭心理气氛中获得支持感。这种体验能使孩子不畏困难，给他们

第一部分 自我意识

以勇气、力量和自信，使他们克服困难，奋发向上。总之，积极的家庭体验有助于孩子自我接纳需要的发展。

因此，营造温馨的家庭氛围是孩子接纳自我的重要保障。教育要在爱与约束之间达成平衡，父母不要因为"恨铁不成钢"而让孩子感受不到家庭的温暖。父母要学会关心孩子，精神上的关爱与温饱冷暖的照顾同样重要。

◆ 3. 衡量独立自主的标准

独立自主是健全人格的重要表现之一，它对孩子的生活、学习质量以及成年后事业的成功和家庭生活的美满都具有非常重要的影响力。

孩子刚出生几个月，有的父母会在半夜被宝宝的哭声惊醒，宝宝从睡梦中醒来的原因有很多，也许是饿了，也许是尿布湿了……不足1岁的孩子，还不具备独立自主的意识，他们吃喝拉撒，事事都要靠父母，有时只是一小会儿见不到妈妈，就放声大哭。这时候的父母都会很累，因为不知道什么时候，自己就要充当"救火队员"去应付宝宝的各种需要，不过，这时候的父母也不要太过急躁，因为很快你就会发现，宝宝在不由自主地离开父母的怀抱。

孩子到了3岁，你可以站在孩子旁边，告诉孩子，自己要学会穿袜子，这时的孩子不会再像以前那样耍赖、啼哭，而是自己动手学着穿袜子，那种让父母端尿盆的生活也一去不复返了。而且，这个时候的孩子还可以和父母做一些简单的交流，说出自己的想法。比如，孩子不喜欢爸爸用满嘴烟味的嘴去亲他，他就会推开爸爸，并且喊着"爸爸嘴臭，妈妈香香"而投入妈妈的怀抱当中。

3年眨眼即逝，孩子6岁了，开始"不听话"了，会犟嘴了，和小朋友们的口角也多了起来。其实，父母大可不必对这个阶段的孩子担心，你的孩子还是你的孩子，短时间内他还逃不出你的手掌心，这个时候的他只是有了自己的想法罢了，父母不要急于问这种想法的对错，要知道在我们这个成人的社会里，有想法要比没想法强得多，何况随着年龄的增长，孩子对某件事物的看法也会随着自己知识积累的程度而不断变化，不要问对错，关键是有无。父母一定要对这个阶段的孩子给予包容和鼓励，这样才能让孩子的人格和情感方面更加独立。

4岁儿童标准

标准内容

> 能在成人的鼓励下做一些力所能及的事；
>
> 在熟悉的人面前能说出自己的想法。

在现代中国，父母对独生子女过分溺爱，他们对孩子更多的是出于保护，而不是指导，因此在孩子教育方面总是放不开手脚。这样的结果就是我们的孩子即使年龄很大了，但对父母仍有很大的依赖性。

其实，父母要在孩子很小的时候就培养孩子的独立性。尤其是4岁这个年龄段，孩子的自我意识刚刚形成，这是培养孩子独立性的最佳时期。家长要懂得，在这个阶段，虽然孩子的生理和心理还在不断成长当中，但毕竟不是玻璃人，一碰就碎，让孩子自己动手，在成人的鼓励下做一些力所能及的事，这样不但不会对孩子造成什么不良的影响，还能够训练他们的动手能力，增强他们独立自主的意识。

更重要的是，要经常和孩子多交流。有的父母嫌这个时期的孩子话太多，孩子一想和父母说话，就显出一副不耐烦的样子，用"一边玩儿去""看电视去"这种话来打发孩子，这样做是非常不利于孩子独立性的发展的。孩子在熟悉的人面前能说出自己的想法，父母就应该静下心来满足孩子的这种需要，不能只是几句话就搪塞过去，要知道，4岁的孩子问出的每一个问题，都不是无的放矢的，或许他们自己还不了解这些问题的针对性，但是，这些问题确确实实都对将来他们心智的发展，起着推波助澜的作用。父母要习惯与脑子里问题多多的孩子打交道，让孩子逐渐明白问题背后隐含的道理，渐渐地，孩子懂得多了，有些事情他就可以自己思考了，这也是独立意识形成的关键之一。

琪琪的父母平时工作很忙，琪琪是奶奶一手带大的，从小奶奶就很溺爱琪琪，真是放在手心里怕碎了，含在嘴里怕化了，什么都不让琪琪做。眼见琪琪已经4岁了，衣服的扣子还扣不好，衣服也常常穿反，还因为这件事经常受到幼儿园小朋友的笑话。

有一次，奶奶带琪琪去菜市场买菜，琪琪只知道在菜市场看热闹，连路都懒得走，奶奶在买菜的同时，还要抱着琪琪来回在菜市场穿梭。好不容易买完了菜，琪琪却连几根葱都不肯拿，奶奶一手牵着她，一手提着一大堆菜，累得筋疲力尽。正巧琪琪的妈妈下班回家，在回家的路上看到了这一幕，她马上把菜篮子接了过去，然后对琪琪说："琪琪，你看，妈妈乖不乖，会帮奶奶干活？"琪琪点了点头，妈妈继续对琪琪说，"琪琪也要像妈妈这样，好孩子都会帮大人干活，琪琪是好孩子，对吗？那就帮妈妈拿上这几根葱，好吗？"琪琪接过了葱，笑呵呵地回到了家。

第二天，琪琪对那些曾经笑话过自己的小朋友说："我会帮妈妈拿东西了，妈妈还夸我是好孩子呢！"

案例分析

　　孩子到了4岁，虽然自己没有意识到自己能做什么，但是他们已经有了模仿大人的能力。在案例中，妈妈首先拿起了琪琪奶奶的菜篮子，引导琪琪模仿自己帮大人分担，并且鼓励琪琪今后要帮助大人干活，这对独立意识不强的琪琪来说是非常必要的。在现实中，我们也不能过于娇惯孩子，该让他们学着做的，家长一定要让他们自己学会，不要怕麻烦，不要怕孩子做错，谁也不是一出生就拥有"十八般武艺"的，重要的是耐心，要给自己耐心，更要给孩子耐心，让他们在生活的一点一滴中累积做事的经验，举一反三孩子还是懂的。例如，在一开始，要培养他们自己的玩具自己收拾、自己的衣服自己叠的习惯，还可以让他们做晚餐前摆凳子等小事情，以后，他们就会学着做晒被子、收拾碗筷这些有难度的事情了。

　　一开始，孩子由于之前的惰性，可能也会耍赖不干，但是只要父母耐心地指导、鼓励，孩子渐渐地就会养成自己动手的良好习惯。此外，要按照他们的兴趣去做家务。比如，家长在收晒衣服的时候，完全可以做一个传递游戏，妈妈把衣服递给孩子，孩子再把衣服递给爸爸，这样一来，在激发孩子兴趣的同时，也培养了孩子的动手能力。孩子在做这些事情的时候，最开始会比较慢，比较笨拙，此时家长不要不耐烦地制止，而是要鼓励他们继续做下去，熟能生巧，孩子做的事情多了，掌握了其中的窍门，做事情自然就快了。

专家指导

　　家长要培养孩子独立自主的意识，需要做到以下几点：

　　首先，根据孩子的承受能力为其分配任务。

　　父母可以将日常生活中孩子能力范围之内的事务交给他独自处理，并观察孩子的完成情况。但是，家长也不能一味地揠苗助长，偏让孩子去做一些超出他能力范围之内的事儿，例如有的父母在孩子的这个年龄段，就逼着孩子上各种"兴趣班"，弹钢琴、学国画、吹笛子，孩子正是玩的时候，有一些游戏完全可以激发孩子的独立自主的意识。

现在很多孩子因为父母让他们学这学那，连周末都没有休息的时间，这么小的孩子，已经是不堪重负，到最后使孩子的心理产生消极抵触的心理，到头来不管学什么都是一无是处。家长在培养孩子独立性时，一定要注意，要让孩子有选择的权利，顺其自然，孩子看上哪个就让他做哪个，不要一味按照自己的轨道、自己的意图来强迫孩子。如果孩子得到了可以选择的机会，那么选择所产生的结果也要由他自己负责。要教育孩子养成无论结果好坏，都要为自己的选择及其结果负责的习惯。

其次，要相信孩子的能力，鼓励孩子"你一定能够做到"。孩子不是纸扎的，是有血有肉的人，家长首先要对自己的孩子有信心，要给孩子一个坚定的眼神、一个期盼的微笑、一番鼓励的言语，让孩子觉得，他一定能做到这件事。给予自己信心，也给予孩子信心，放掉暂时的挣扎，学会下决心，暂时闭上眼，让孩子来干吧！

此外，培养孩子做自己力所能及的事，还要培养孩子记住自己在日常生活中能做的事。首先，孩子对自己曾经做过的事要有印象，并且经过教育者的引导学会了方法，这样幼儿下次再做同一件事情时，首先就会回忆自己以前是怎么做的，做的对不对，家长是怎么教的，自己是怎么学的。所以孩子独立完成力所能及的事，学会记住并回忆是非常重要的。

亲子游戏

游戏内容：引导孩子自己洗手洗脸。

游戏目标：训练孩子的自理能力，激发孩子的独立自主的意识。

游戏道具：毛巾、香皂、脸盆。

游戏步骤：

（1）吃完晚饭后，家长可以拿块湿的小方巾故意大张旗鼓地喊："哦，擦脸擦手了。"然后当着宝宝的面很认真地给自己擦擦脸、擦擦手，演示给他看。

（2）给宝宝一块湿的小方巾，对他说："你都快成小猫脸了，快擦擦自己的小猫脸吧。""好了，小猫脸干净了，再擦擦小猫爪吧！"

（3）不用刻意去提醒宝宝怎么做，只要耐心地示范给他看就行了。宝宝天性就喜欢模仿，他会很快在观察妈妈的动作时模仿到洗脸洗手的技巧。

（4）记得每次他成功地把小脸小手擦干净都要给予他鼓励。

相关讨论：

（1）孩子对活动的兴趣度有多大？

（2）孩子能否像大人一样把脸和手洗干净？

贴心提示

许多家长往往认为自己的孩子年龄太小不能自理，不想让孩子动手，习惯替孩子包办一切。对孩子来说，身边有了可以依赖的人，他们就不用自己做了，逐渐养成懒惰的习惯，独立自理能力就会降低，无法体验到通过自己努力完成目标而带来的快乐。

许多凡事依赖家长、独立性差的孩子，从根源上来说不是他们不想独立，而是因为他们不知道如何独立。培养孩子的独立性，不仅需要家长从精神上支持、鼓励孩子迈出自立的第一步，更为重要的一点是，家长必须要给予这些急于成长的小家伙适当的引导。

在生活自理能力方面，家长可以准备一些小游戏来培养和锻炼宝宝的自理能力。比如系鞋带，家长可选择穿线游戏让宝宝练习小肌肉能力，以及简单的捆、绑技巧。比如让宝宝学会洗手，家长可以带领宝宝将洗手的各个环节分解：拧开水龙头——手心手背沾湿水——抹上肥皂——搓洗手心和手背——将手放在水龙头下冲洗——关上水龙头——用毛巾擦干手。将"洗手"这样一个行为分解成单个的小步骤后，孩子才不会不知所措。其他的生活技能如吃饭、穿衣服都可以采用这种分解步骤的形式，这对宝宝生活自理能力的提高将有极大的帮助。

5岁儿童标准

标准内容

> 能根据自己的兴趣和需要选择游戏或其他活动；
> 在同伴群体或班集体中能说出自己的想法和意见。

5岁的孩子知道自己喜欢什么，不喜欢什么，对自己的兴趣和爱好有了初步的认识。他们不再一味地玩家长所买的积木，而更喜欢邻居家小伙伴玩的皮球。以前总是家长让他们玩什么他们就玩什么，还玩得津津有味，但5岁的孩子可没那么好打发了，他们更关注于自己感兴趣的东西。

5岁孩子的独立自主意识主要体现在能根据自己的兴趣和需要选择游戏或其他活动。他们对爸爸妈妈买给他们的娃娃不再感兴趣，而喜欢更高级、更有趣的电动玩具、电脑游戏。家长要知道，兴趣是孩子最好的老师，孩子能够根据自己的兴趣去选择自己喜欢的活动或游戏，说明孩子的自我意识已经达到了较高的水平，他已经有了自己的兴趣趋向，并根据自己的兴趣趋向去做自己能够做并且喜欢做的事情。

此外，这个时期的孩子还经常会和小朋友们发生激烈的"辩论"，尽管没什么条理，总是他说他的理，你说你的理。其实，每个人都是独立的个体，任何个人的想法都不代表集体共同的想法，孩子在集体中可以说出自己与他人不同的意见和想法，说明他已经具备了独立性的意识。

典型案例

美国前总统罗斯福幼年时长着碧蓝的大眼睛，鼻梁挺拔端正，一头金色的卷发，显得英俊、神气，很招人喜爱。尤其是他那一头金黄色的卷发，非常漂亮，妈妈很喜欢罗斯福这头漂亮的卷发，并喜欢用各种服装来打扮年幼的罗斯福。

但是，妈妈为他选择的衣服，小罗斯福并不喜欢。

有一次，妈妈想给罗斯福穿皱边的套装，罗斯福大胆地说出了自己的不满。

又有一次，妈妈想说服罗斯福穿苏格兰短裙，罗斯福又拒绝了妈妈的好意。最后，罗斯福和妈妈一致同意穿水手服。

关于这段故事，罗斯福的母亲萨拉在《我的儿子罗斯福》一书中这样写道："我们做妈妈的对于衣饰的品位虽然高雅，可是我们执拗的儿女却并不喜爱。"可敬的是，罗斯福的妈妈并没有强迫孩子听从自己的意见，而是非常尊重孩子的意见。萨拉是这样解释的："我们从来不曾试图对他施加影响来反对他的喜好，或者按我们的模式规定他的人生道路。"

案例分析

案例中，罗斯福的妈妈懂得尊重孩子的意见，"我们从来不曾试图对他施加影响来反对他的喜好，或者按我们的模式规定他的人生道路"。最终，他的母亲将他培养成了一位杰出的美国总统。从这件事上可以看到，只要父母肯放手让孩子自己去做、自己做决定，孩子会让父母惊喜于他的成长。所以要想让孩子具有自主性，妈妈应该适当放手，让孩子自己去做事情，信任他、尊重他，不要横加干涉，孩子会在家长的信任中成长起来。

其实，在孩子幼小的心灵里是不喜欢被父母规定着去做这做那的，他们也渴望自由，孩子有自己的想法，面对眼前的事物，渴望自己能自由地做选择。让孩子主动去尝试，能使我们家长看到他们心理的需要和倾向，从而更容易去满足和引导他们。家长不应该一味地要求和阻挠，仔细观察你就会发现，只要给他们机会，家长不去干涉，他们总会选择一些自己偏爱的东西，哪怕只是一只小鸭子，他们也会玩得不亦乐乎，就算是你给买再好再大的玩具，他们也不会在意的，因为他们喜欢。

有些孩子在家里，一切事情都是家长安排好的，根本就没有自己做主的时候，小到晚饭吃什么、看什么电视节目，大到参加培训班、兴趣班等等，一切都是父母说了算，父母根本没考虑到孩子的感受。孩子总是感觉自己被控制在牢笼里，想飞却飞不出去。因此，他们的童年可能并不像大人所想象的那么快乐。

让孩子根据自己的兴趣和爱好自由地做一些选择，是培养他们形成乐观性格的一个重要方面。当然，父母在大多数事情上不能不做主，要做好引导和指导工作。让孩子自由选择，并不意味着他可以选择任何自己想做的事情，而是选择需要做并且是正确的事情。随着孩子的长大，就应该让他们自己学着决定更重要的事情。

专家指导

5岁的孩子个性发展得不全面，自己真正感兴趣的是什么，自己想学什么，他们自己也说不清楚。所以此时，家长们要适时地关注孩子的变化。

在生活中，有很多这样的例子：孩子到了一定年龄，家长就马上给孩子报这样那样的兴趣班，可孩子再大一点，兴趣转移了，又想去上其他兴趣班了。这时家长开始犯了难，是让他们半途而废，还是顺着他们的意思呢？

孩子上兴趣班，并不是以学习知识为主，而是要培养孩子的兴趣，培

养孩子的初步认知能力，至于知识，这时候并不是学习的主要内容。

所以家长们大可放心，孩子们想学什么就学什么，让他们在自由自在的空间里，真正找到自己的兴趣所在。

"请不要命令我，让我自己做。"听到孩子的呐喊，家长应该意识到，不要去干涉他们的选择，不要总是以为自己的安排都是对的，其实孩子只有对自己感兴趣的事物才会不厌其烦地花费精力去做。如果给孩子不喜欢的东西，那只能给他增加不必要的精神负担，他们也得不到快乐！

家长不仅要让孩子有自由选择做什么的权利，也要给予孩子自由选择说什么的权利。有的家长总是教孩子说话要有礼貌，不准这么说也不准那么说，最后把孩子变成了一个"小哑巴"。在孩子刚刚学会表达感受的时候，任何轻易的压制或纠正都可能剥夺他们的表达欲望，甚至摧毁他们对自身判断力的信心。在他们还没有学会全面看问题之前，在还没有学会理性地决定自己的好恶之前，孩子需要的是家长的理解和尊重。

亲子游戏

游戏内容：让孩子表达他对世界的认识。

游戏目标：引导孩子锻炼语言表达能力。

游戏道具：地球仪、准备几张不同肤色人种的照片。

游戏步骤：

（1）出示地球仪，引导孩子找出中国的地理位置，告诉宝宝全世界的人都住在地球上，但生活在这个家园中的人是有区别的。

（2）出示照片，引导孩子说出不同人种的肤色和简单的体貌特征。

（3）让他从中挑出哪一个是中国人的照片。

相关讨论：

孩子是否能表达准确、到位？

贴心提示

如果说 3～4 岁的孩子兴趣不太明显，那么到了 5 岁，孩子具体对什么感兴趣就能体现出来了。

此时，家长完全可以根据孩子的意愿来帮孩子选班。如果家长真的想让孩子在某个方面加强一下，不妨适当地往这方面引导孩子，让孩子感到去上兴趣班是一件很美好的事。

同时，家长也不妨带着孩子多去听一些幼儿园兴趣班的公开课，让孩子在听课中感受上这个班的乐趣，自然而然地，孩子就会自觉地去上课了。

有一点值得家长们注意：千万不要盲目攀比报班的数量。有不少家长一看到别人的孩子上了画画班，自己也坐不住了，生怕孩子落后，立马也给孩子报画画班，过不了多久，又有孩子报了舞蹈班，自己就跟风般也给孩子报这个班。

家长们要通过对孩子的观察来了解孩子的兴趣所在。孩子对画画、看书、听音乐是有一定的感知力的。要是孩子看到别的孩子画画，就忍不住用小手去学着比划；听见音乐响起，就想扭着小屁股去跳舞，这就足以说明孩子对画画或音乐是有兴趣的，哪怕这个兴趣只是暂时的。家长们在这时就不要犹豫了，快给孩子报班吧，让孩子把潜能发挥出来。最起码，画画可以帮助孩子增加手指的力度，舞蹈可以提升孩子的内在气质。

家长们把孩子送到兴趣班以后，不要以为就万事大吉了。孩子到底愿不愿意在这个班上学习，还要看班里的老师。如果老师在上课过程中感染力特别强，特别具有亲和力，孩子回家以后，会很兴奋地把学到的东西讲给家长听。如果孩子去了两天，回家就嘟囔着说不想去上课了，可能孩子不喜欢教这个兴趣班的老师，家长也不必强求孩子，更不要让孩子边哭边上兴趣班。这样会促成孩子的逆反心理，最终导致孩子不听劝，未来即使家长和朋友有什么合理的建议，他都不会听了。

6岁儿童标准

标准内容

> 做事情时有自己的想法；
> 与同伴或成人的看法不同时，敢于表明自己的意见并说出理由。

许多家长会觉得，孩子到了6岁，就会有自己的心事儿了。他们不会再对父母言听计从，而是心里自有一副小算盘，按照自己的标准做事。有时候他们的标准并不符合大人的要求，但还是那句话，没有哪个孩子一开始就能正确地认识事物。即使孩子心里装着的事儿你并不认同，此时也不该妄加责备，应该给孩子机会自己修正错误的认识，并让他们按照自己的想法做事情。

每一个人认识新事物，都要经历从谬误到正确这个阶段。曾经有人做过这样一个测验，给学龄前的儿童、小学生、中学生分别看"O"这个图形，问："这是什么?"结果大多数中学生说是"零"或英文字母"O"；小学生中也有相当一部分人这么回答，另一部分小学生则回答是个"面包圈""眼镜片"；而幼儿园的小朋友却说了许多成人、中学生、小学生根本没有想到的东西——"眼泪""肚脐眼""围棋""表"等等，这些答案让成人不明所以。这个阶段的孩子会有很多奇思怪想，这是因为他的想法不受其他人想法的左右和牵制，做事情时有自己的见解，这有利于孩子独立自主个性的形成。

有时，孩子还可能挑战其他人的观点，与同伴或成人的看法不同时，敢于表明自己的意见，还能像模像样地说出些理由。比如，猜谜语是孩子们非常喜欢的活动。6岁之前的孩子进行猜谜活动，都是大人说出谜面，孩子们来猜答案，然后以对错来进行判断。而这个阶段的孩子会比较执拗，即使家长说出了谜底，他们还是不相信，而且还能说出一大套他为什么这样猜的理由，这都是由于孩子有了自己的想法，进而独立意识进一步增强的表现。

典(型)案(例)

李可有一次回家，递给了妈妈一张订阅杂志的回执单，上面列着二三十种杂志的名称。

李可说她要订《发现号趣味百科》。妈妈看了一眼单子，发现单子上的同类杂志很多，例如《我们爱科学》《小科学家》等，妈妈搞不懂为什么李可偏要订这本杂志，于是，妈妈问李可："为什么要订这个杂志呢？"

妈妈，我要订这本书。

李可立马说："这本杂志讲的是科学、自然、天文、军事、科幻的百科知识，我对这些知识很有兴趣，想学习。"借用杂志的广告介绍，李可一口气说了两条，还挺有逻辑性。

"还有呢？"妈妈问。

李可停顿了一下，道："我怕说出来，你会不高兴。"

"好家伙，还给我打预防针。"妈妈想。"你就说吧。"

"订这本杂志，送的礼物是一块手表。既可以看书，又可以得一块手表，我觉得很划算，不用另外花钱买表了，我们班同学个个都带表。"

妈妈笑了，小李可之前就吵着要一块手表，但是妈妈始终抽不出空来给李可买，原来李可有了自己的主意，还能讲出这么多理由，这证明李可的心思很细腻，这在同龄孩子中可是不多见的，于是，妈妈就为李可订了全年的《发现号趣味百科》。

案例分析

在案例中，李可在很多同类的儿童科普读物中，选择了《发现号趣味百科》这本书，肯定是有自己的想法的。通过妈妈的引导，李可说出了她订阅这本杂志的几个理由，让妈妈信服了。

6岁的孩子，做事情都有自己的理由，但是如果不能很好地表达出来，别人就无法了解孩子的想法。孩子不说出自己内心的想法，妈妈也就不能够很好地了解孩子的困惑，不能给予孩子及时的引导和帮助。

比如，孩子经常会吵着要一些玩具，家长先不要急于答应或拒绝孩子，先听听他的理由，不管他的理由是不是让你信服，都要让孩子先有机会表达出来。

鼓励孩子说出心里的话，是保证孩子心理健康的方法。孩子经常会在妈妈面前闹情绪，其实闹情绪就是因为孩子的内心情感没有得到合理宣泄。因此，妈妈要鼓励孩子说出心里的想法，只要孩子的情绪得到恰当的宣泄，就会保持心理健康。

随着孩子语言能力和水平不断提高，表达成了衡量孩子知识和自我评价的一个必不可少的标准，所以家长要重视对孩子说话能力的培养，特别是对于一些不爱表达的孩子，妈妈一定要给予鼓励和引导。

有的孩子性格内向，妈妈要尽量让孩子多和外界接触，在和他人接触的过程中，培养他们的外向性格，养成和别人交流沟通的好习惯。

在孩子的成长过程中，妈妈要密切关注孩子的情绪和行为，帮助孩子找到合适的宣泄途径，培养他们的表达能力与想象能力。

专家指导

正确引导孩子，实践自己的想法，表达自己的想法，家长首先要尊重孩子的想法。孩子渐渐大了之后，便开始思考这个世界，思考他所遇到的每一件事，并逐渐产生自己的想法和观点。这说明他们有了独立的思考意识，这是非常可贵的。

这时，父母首先应该赏识、尊重孩子的每一个意愿和想法，给孩子一个自主决定的机会。尊重孩子的权利，就是要征得孩子的同意，让孩子有选择的机会并且在尊重孩子的基础上给予引导，这也是民主家庭中父母应为孩子负起的一个责任。当孩子在你和客人谈话时突然想要发表自己的看法，不要打击和压制他们，你应该说："好吧孩子，你也来说说你的观点！"

当孩子主动和你谈起他对某件事情的意愿和想法时，不要不耐烦地敷衍了事，而应该对孩子说："说说你的想法吧。"

其次，父母在决定一件事之前，不妨先听听孩子的意愿和想法，尊重

第一部分 自我意识

他的选择。现在的父母们都希望自己的孩子多才多艺，成为一个优秀的孩子。那么，如果让孩子去学习，一定要仔细观察，再选择一种比较适合孩子性情及兴趣的才艺。千万不要让他一下子接触太多，或强迫他学习没有兴趣的东西，破坏了他以后学习的信心和欲望。

要赏识孩子，就一定要尊重孩子的意愿和想法。当孩子想要向你表达他的想法和观点时，给他足够的时间和空间，耐心倾听孩子的话吧。

亲子游戏

游戏内容：猜谜语。

游戏目标：引导孩子说出自己的想法。

游戏道具：糖、水果等小奖品。

游戏步骤：

（1）说出谜面："红果子，麻点子，咬一口，甜丝丝。"

（2）孩子回答问题，不要急着说出谜底，让他们反复回答，想到什么说什么，并让其说明理由。

（3）等孩子说出正确答案后，给他们颁发小奖品。

相关讨论：

（1）孩子是否能够快速地说出谜底？

（2）孩子在猜谜过程中是否思路敏捷，能够说出理由？

贴心提示

孩子的想法并不是凭空就出现的，而是经过了他们有限的思考，所以，培养孩子思考的能力，是孩子形成自己的想法和独立意识的关键。有时候孩子会愣在那里，像个小木头人儿一样，这时父母千万不要去打扰孩子，因为你的孩子正在学习思考，比如，我们常看到小孩蹲在路旁，注视着地面，那副聚精会神的模样好像在看什么神奇的东西，其实，他可能在观察路上爬着的蚂蚁，思索着它们这样成群结队地在做什么。

　　有的家长遇到这种情况，就会对孩子说："够了吧?""差不多了吧?""好了，好了，不要看了。"即使在家庭中，很多家长也会有同样的举动，心血来潮时就对正沉迷于书中的孩子说："哎！休息一下，来吃点心！"这等于打断了孩子的兴致，破坏了他的注意力。长此以往，可能使孩子注意力难以集中，形不成强大的思考能力，也就形不成独立的思想和观念。所以，父母要引导孩子多思考问题，多想、多学，才能让我们的孩子成长得更快。

第
一
部
分

自
我
意
识

3~6岁儿童学习与发展

父母大讲堂

——社会性与情感

第二部分 人际交往

美国成功学大师卡耐基认为"一个人的事业成功，只有 15% 是由于他的专业技术，剩余的 80% 都要归于人际关系和处世技巧"，这与我国传统文化当中所追求的"天时、地利、人和"的人生境界不谋而合。而人际关系是需要我们不断积累的。孩子的人际交往关系对其人生具有极其重要的作用，与他们身心发展以及人生成败有着直接的关系，家长需要从小就培养孩子的人际交往能力。

有学者给儿童制定了 5 条人际交往诊断标准：第一是要求孩子在一定的年龄阶段有不低于一个的同龄朋友；第二是孩子得不到任何好处，可以不计报酬地帮助别人；第三是做错事以后，虽然没有被发现，但还是愿意站出来主动承认错误；第四是在朋友做了对不起自己的事时，可以宽容地原谅对方；第五是学会与他人分享一切快乐和喜悦。

以上 5 条标准，都是 3 ~ 6 岁的孩子所应该具备的。孩子在 3 岁之前，并没有与人交往的需要，他会对同龄的孩子产生好奇心，但是在心理上还构不成对对方的情感需要，可以说，3 岁之前的孩子在与同龄人的孩子接触时，大多是看个热闹。而从 3 岁开始，孩子就有了某种交往的愿望，看见同龄的孩子，就有一股跑上去套近乎的冲动。这说明这时候的孩子交往心理正处在萌芽阶段。

进入 4 岁，孩子开始乐于与人交往，有了可以和自己玩到一起的小伙伴，很多家长会发现，这个年龄段的孩子，只要一天不和小伙伴见面、一起玩耍，心情就会大受影响，哭闹是正常的。此后，随着孩子的朋友圈逐渐扩大，出现了不同年龄层的朋友，同时也懂得了关心尊重他人，比如听说小伙伴病了，孩子也会像小大人一样地劝小伙伴要打针吃药。

再大一点，6 岁的孩子都是自来熟，即使和第一次见面的孩子也能玩到一起。此时的孩子已经懂得如何和朋友和谐相处，而这个诀窍就是学会与人分享，有好吃的、好玩的，会记得给小伙伴们留着，这些都是学龄前的孩子人际交往的重要表现。3~6岁年龄段孩子的家长，要主动引导孩子形成正确的交友观念，还要教他们一些与人交往的基本礼仪。这是为孩子将来有个好人脉做打算。

◆ 1. 衡量乐于与他人交往的标准

进入4岁，孩子有了与他人交往的兴趣，有了与别人交往的兴趣才会产生交往行为。这个阶段的孩子有一个显著的特点，就是喜欢认识不同的小伙伴，他几乎会对每一个出现在他身边的同龄孩子产生兴趣，看看对方在干什么、在玩什么，继而凑过去，和人家一起玩，这个年龄段的孩子，或许已经懂得了一个人摆弄小火车是多么的无聊，而找一个伙伴，两个人一起玩那才好玩。

如果一个孩子想与对方一起玩，他会首先发送一些善意的信号，如微笑、请求、邀请等，从而尝试、练习社会交往技能和策略，并根据对方的反应做出调整。同时，儿童还要通过观察同伴的社会行为，学习对于自己而言是新的社交手段，从而丰富自身的社交行为。到了5岁，孩子能够和不同年龄段的孩子玩，也许年龄差距过大了，反而玩不到一起，但是这时的孩子才不管这些，只要旁边有人陪着他玩，他自己就乐在其中。而这时候的孩子也学会了沟通，有什么事情会主动和长辈说，能亲切地和来访的客人打招呼。到了6岁，孩子能在学校里和不熟的孩子打成一片，也喜欢向关系好的小伙伴分享他们的经验，能够主动替来访的客人端茶倒水，还能与客人亲切地交谈，可以说，随着年龄的增长，孩子与人交往的技能也在不断完善。

4岁儿童标准

标准内容

> 喜欢和小朋友一起游戏；

> 亲近熟悉的长辈，喜欢与他们一起玩；

> 在成人的提醒下能与客人打招呼。

家长会发现，如果外面天气不好，刮大风或者下雨，孩子即使在自己的小天地里也玩不踏实，他们总是会呆呆地望着窗外，看一看外面的天气是不是变好了，这时候，家长就是给他们再多的玩具、再好看的动画片，他们都提不起精神，这是因为孩子心里想着要和外面的小朋友一起玩游戏。

4 岁的孩子喜欢和小朋友一起游戏，是孩子处在人际交往的萌芽阶段的主要表现。他们可不管对方和父母是否有时间，从幼儿园跑回来，他们就会吵着让父母带他们出去和小朋友见面。如果条件实在不允许，那么父母或亲近的长辈也不能撒手不管让孩子自娱自乐，这时候父母就要充当小伙伴的角色，陪孩子一起玩，这样孩子也会很开心。4 岁的孩子这时还能亲近熟悉的长辈，喜欢与他们一起玩，比如这时的孩子见到爷爷、奶奶这些长辈，都会显得既兴奋，又高兴。

由于与人交往的需要日益增加，这时的孩子看到身边的每一个陌生人，都感到好奇，想进一步地和他们接触，所以，家里来了个从没见过的客人，为了让这位客人喜欢自己，孩子往往会在家长的提醒下和客人亲切地打招呼，以显示自己有礼貌。孩子在客人面前会尽量学着乖巧，懂事，以博取客人的好感。不过，如果家长在这一阶段引导不力，那么这个阶段的孩子很可能会出现相反的状态：孤僻、认生、沉默寡言等。

典型案例

周末，妈妈把小涵从幼儿园接回来，刚走进小区，就听到一群孩子们的喧闹声。妈妈带着小涵来到楼后面的小区游乐场，发现一群孩子在那儿玩得正开心呢！然而看到一群同龄的小朋友玩得如此开心，小涵却躲到了妈妈的身后，拽着妈妈的手说："妈妈，我们回家吧！"妈妈对小涵说："小涵，你也去和小朋友们玩一会儿吧！"

原来，小涵平时一直很孤僻，从来不喜欢和别的小朋友一起玩，4 岁多了，如今连一个"志同道合"的小朋友都没有。小涵的妈妈很担心，所以经常鼓励小涵走出家门，找同龄的孩子一起游戏。妈妈对小涵说："你回家一个人玩多没意思啊，你看那些小朋友玩得多高兴啊！"可是小涵还是拉着妈妈的手说："妈妈，我们回家吧！"妈妈看见孩子这样，虽然很着急，但还是耐心地开导小涵："你是不是害怕啊？没关系，妈妈带着你和他们一起玩怎么样？大家一起玩游戏很有意思的。"小涵看着妈妈坚定的眼神，勉强地说："好吧！"

于是，妈妈带着小涵走上前去，对正在游戏的孩子们说："小朋友们，让阿姨和小涵跟你们一起玩，好吗？"小朋友们都大声说："好！"

妈妈和小涵随即加入到了孩子们的游戏中，玩了一会儿，妈妈已是满头大汗，她发现小涵正玩得带劲儿呢！她觉得时机成熟了，自己可以退出游戏了。于是，她对孩子们说："小朋友们，阿姨累了，要休息会儿，你们自己玩，好吗？"然后，她又对小涵说，"小涵，你跟小朋友们接着玩，妈妈在旁边看着你。"小涵大声说："好的，妈妈！"

小涵那一天一直和小朋友们玩到很晚，直到天黑了，才和妈妈一起回家，妈妈问小涵："今天和小朋友们玩得开心吗？"小涵说："开心！"妈妈又说："以后还想和小朋友们一起玩吗？"小涵这一次没有犹豫，而是大声地回答:"想!"

此后,小涵开始喜欢上和小伙伴一起玩游戏。

案例分析

在这个案例中,小涵最初显得非常孤僻,不愿意和别的孩子一起玩,在妈妈耐心地指导和鼓励下,小涵最终开始和小朋友们接触,并开始一起玩游戏,在游戏当中,小涵体会到了与其他小朋友一起玩的乐趣,因此而喜欢上了和小朋友们一起玩耍。

在现实生活中,家长常常会为孩子的孤僻和不善交际而忧心忡忡,其实,只要鼓励他们,融入到其他小朋友的游戏当中,这个问题便迎刃而解了。在孩子们游戏的过程中,家长可以在一旁指导,渐渐地你会发现,孩子中间有胆子比较大、能力比较强、性格也非常开朗的孩子,这些孩子就像一颗磁石一样,会牢牢地把那些胆子小的孩子吸引住,会带动性格内向的孩子一起游戏,让孩子在游戏中取长补短,当孩子有兴趣加入游戏了,也就逐渐有了与伙伴交往的兴趣。家长也可以把自己当做一位"小朋友",参与到孩子的游戏中,在带动孩子热情的同时,积极引导孩子建立平等和谐的人际关系。

此外,在家里,家长也应该不断加强与孩子的交流,与孩子建立亲密的亲子关系,这样孩子才会听从家长的引导。要多鼓励孩子,多给孩子做示范,不要一副工作忙、没耐性的样子,要知道,作为父母,除了工作之外,你的人生中还有一项更重要的事业,那就是把你的孩子培养成人,让你的孩子早日融入社会当中。

专家指导

父母要培养孩子乐于与人交往的习惯,最明智的做法是:

(1)多鼓励孩子,让孩子主动加入到小伙伴们的游戏中。有的孩子不愿意和小伙伴们玩，一部分是性格的原因，还有一部分是长期在家里自娱自乐产生的惯性因素，要多鼓励孩子从自己的小天地里走出去，和更多的孩子接触、游戏，独乐乐不如众乐乐，孩子一旦尝到了集体活动的甜头儿，自然会敞开心扉，沉浸在其带给自己的快乐当中。

（2）要善于发现孩子在交际方面出现的问题，多从自己身上找原因，不要把原因都归咎在孩子身上。有的家长一旦发现孩子交际方面有问题，比如和小朋友发生了争执，就会非常气愤，别人家的孩子自己不好骂，就把气撒到自己家孩子头上，什么"你真笨""你真没用"等等伤害孩子自尊、自信方面的话就都脱口而出了。孩子和小伙伴发生了口角或争执，父母第一该做的不是责备，而是引导、劝慰，要告诉孩子要多包容、要讲理，父母在家中也要以身作则，有调查显示，一些在交际方面有问题的孩子，多半是受了父母的影响，因为父母在生活中没有给孩子做好榜样，最终导致了孩子不善交际的社会性缺陷。所以，家长每天都生活在孩子的眼前，要给孩子一个好的榜样，就必须首先端正自身。

亲子游戏

　　游戏内容：带孩子进行户外活动。

　　游戏目标：激发孩子与人交往的勇气。

游戏道具：照相机、MP3、风筝、羽毛球等户外运动用具。

游戏步骤：

（1）选择一个天气适宜的周末，带孩子到公园郊游。

（2）带孩子一路玩，一路观察，重点是观察小朋友多的地方。

（3）引导孩子参与到其他小朋友们的游戏当中。

相关讨论：

（1）孩子能否在积极的观察中了解户外运动和社会活动，感受其乐趣？

（2）孩子是否乐意走出去与其他小朋友一起游戏？

贴心提示

孩子之前没有社会经验，初次与人交往在许多方面都一窍不通，作为家长，平时就要多教孩子一些交往的技巧。首先，对于小孩子间的交往，父母不宜过度干涉，有些家长认为，有些孩子比较听话，有些孩子比较淘气，所以自己的孩子要多和这样的"好孩子"在一起，少和淘气、不听话的"坏"孩子一起玩，这种认识是不对的。

对于孩子来说，淘气、不听话的孩子未必就是坏孩子；听话、乖巧的孩子未必就是好孩子。其次，孩子跟"好"孩子也许能玩到一起，也许就玩不到一起。两个"气味"不投的孩子，生活习性不同，价值观念不同，淘气包跟所谓的好孩子待都待不到一起，怎么可能学好呢？有的孩子，即使说话、做事野一点、粗一点、淘气一点，但却没有害人之心，没有占人便宜之嫌，没有飞扬跋扈之气，你的孩子跟这样的"坏"孩子在一起会学坏吗？

孩子终有一天要长大，要进入这个复杂的社会，父母不能总让孩子生活在单纯的小圈子里，要让孩子见多识广，经验丰富，长大了之后要学会独立生活、独立交往，遇到什么样的情况、什么样的人都不会发怵，也不会有不适的反应。这才是我们提倡孩子早期家庭教育的最终目的。

5岁儿童标准

标准内容

> 能和年龄或能力不同的同伴一起游戏；

> 有事主动告诉长辈，喜欢和长辈交谈；

> 能主动与客人打招呼并回答客人的问题。

5岁的孩子相比4岁的孩子来说，在人际交往方面显得更"老练"些。首先，5岁的孩子已经不满足于和同龄的孩子玩闹了。他们开始注意那些比他们年龄大的大哥哥大姐姐，或是比自己年龄小的小弟弟小妹妹，5岁的孩子想和他们一起玩，在这个过程中，他们可以在年龄大的孩子身上学到很多东西，也可以教年龄小点的孩子一些新的经验，从中找到自豪感。

5岁的孩子已经认识到，那些一起玩的小朋友们已经不仅仅是游戏伙伴，他们也会对自己的思维和行为产生重要的影响。孩子会非常渴望与他的朋友保持一致，甚至在相处期间朋友的行为会超越父母从他出生起就教给他的原则与标准。他现在已经认识到除了家长之外，生活还有其他有价值和意义的事，他会要求一些你从来不允许的事情来验证自己的新发现——某些玩具、食物、衣服和要求观看某些电视节目。

此外，5岁的孩子心里藏不住事儿，幼儿园发生了什么有意思的新鲜事儿，他们回到家中会主动讲给长辈们听，这个年龄的孩子喜欢和长辈们交谈，并从中获得宝贵的人生经验。

有的孩子在这段时间内，好像是一个"小大人"一样，家里来了客人，他们不用父母的提醒，会主动和客人打招呼，并能和客人做一些主动的交谈，客人问什么话，他们也都基本上能对答如流。

小宇由于家搬迁，他离开了以前的幼儿园，进入了一所新的幼儿园，从那天开始，小宇就没有再交新的朋友。小宇家搬的新小区里，很少有像小宇这么大的孩子，要么是六、七岁的小学生，要么就是只有三、四岁的小孩子。他的朋友圈子还是他原来的幼儿园认识的小朋友。小宇的妈妈认为孩子进入了一个新的环境，应该认识更多的新朋友才对。一次晚饭后，家人就这个问题跟小宇交流，小宇对爸爸妈妈说："虽然我现在没有交到新朋友，但是我跟以前的朋友关系很好啊，我以前的朋友大多现在都跟我有联系。"小宇的妈妈对小宇说："以前的朋友当然要经常联系，可是，咱们家搬到这里了，离他们远了，他们也不能经常找你玩，这样周末只剩下你一个人了，你不感觉很无聊吗？你应该出去认识更多的新朋友，过不了几天，他们也会和你以前的朋友一样，你们会玩得很开心的。"小宇感觉妈妈说得有道理，于是点了点头。

第二天，小宇从幼儿园回来后，没有跟妈妈一起回家，而是和小区里一群小孩子玩，一开始，和一群比自己年龄小的孩子玩，小宇觉得很无趣，因为他们玩得好多东西小宇已经玩过了，一些游戏也是小宇已经玩腻

第二部分 人际交往

的。但是后来，随着有几个年龄比小宇大的孩子加入进来，气氛变得渐渐活跃起来，年龄较大的孩子会教小宇和其他小朋友们玩悠悠球，大家玩得非常开心，小宇回到家中，还为爸爸妈妈展示自己是怎么玩悠悠球的。

案例分析

在案例中，小宇进入了新环境，一开始找不到适合的新朋友，后来在妈妈的鼓励下，小宇学着和小区里与自己年龄不一样的小朋友们玩游戏，最后，小宇在其中找到了无限的乐趣，使得他适应了新的环境，认识了很多新的朋友。现在大多数孩子是独生子女，他们已习惯独自享受大人们的宠爱，很少能体会到兄弟姐妹间相互照顾、相互学习的生活。由于家人的宠爱以及没有兄弟姐妹的缺陷，使孩子不爱与小伙伴沟通，不懂得关心和照顾别人。为了培养孩子们关心和照顾他人的习惯，家长们不妨让他们接触一些和自己年龄不同的孩子，让他们之间展开混龄游戏活动，让孩子们体会互学互助的快乐生活。

比如，不同年龄段的孩子，可以一起进行"过家家"这个活动，年龄大一点的当妈妈，年龄小一点的当孩子，当年龄较小的孩子操作玩具时，大一些的孩子就会非常耐心地在一旁讲解，并与他们一起游戏。年龄大一点的孩子还把几个弟弟妹妹集中在一起，一起画画、讲故事，让孩子觉得"和弟弟妹妹们在一起，我就是大人了，我要照顾他们，给他们做榜样"。

家长会发现，通过这种混龄活动，孩子比以前懂事多了，而且喜欢和不同年龄段的朋友交流，也愿意把自己的玩具拿给其他小朋友玩了，这比家长的言语说教要更直接、更有效。通过混龄游戏活动，让孩子们长期共同相处，可以让孩子们养成像兄弟姐妹一样相互爱护、相互学习、相互尊重的习惯。

专家指导

要让5岁的孩子更好地与不同年龄的孩子交往，提高他们的交际能力，家长应及早对其进行"心理断乳"。也就是说，家庭不应以孩子为中心，而应"人人平等"。当幼儿长到 5 岁左右，有了一定的独立能力时，就应给他一个简单的时间表，让他明白，家庭成员有聚在一起的时候，也有各自工作、游戏的时候，彼此之间不能互相干扰。孩子"心理断乳"的及早进行，不仅有助于他们产生与同伴交往的动机，而且是促进其独立性发展的"关键策略"。实践证明，及早进行"心理断乳"，也有助于缩短幼儿刚入幼儿园时产生的"分离焦虑"时间。

针对孩子在交往时总害羞、胆小的现象，比如，想交换玩具却不敢说，让父母带着交往，等等。家长要适当地予以鼓励和引导。例如，带孩子到有孩子的邻居家串门，与朋友一起带着孩子出门游玩等，还要重点培养孩子的自信心。除了一般性的培养，让孩子与比他们年幼的同伴交往被证明是一个较为有效的策略，因为年龄的优势会为他们带来能力的优势。当孩子在与较小幼儿交往过程中积累起丰富的交往经验、建立起自信时，他们就逐渐敢于交往了。

亲子游戏

　　游戏内容：进行唱歌表演。

　　游戏目标：培养孩子主动交往的技能。

游戏道具：挂图《找朋友》、录音机、音乐磁带《找朋友》。

游戏步骤：

（1）让孩子学唱《找朋友》歌。

（2）出示挂图，给孩子讲《小白兔找朋友》。

（3）引导孩子体会故事，理解故事内容。

相关讨论：

（1）孩子能否理解朋友关系建立的条件？

（2）孩子能否积极学习交朋友的方法？

贴心提示

孩子不合群，怎么办？不合群的孩子喜欢自顾自，独来独往，往往不大喜欢接受其他小朋友的邀请。如果家长发现孩子偶尔接受个别小朋友的邀请，即使是很勉强的，也要及时给予鼓励。如果家长发现孩子接受了别的小朋友的邀请，并表示愿意参加，要大加赞赏，促其参加。如果家长发现孩子由被接受邀请，变到能主动要求参加其他小朋友的活动时，要给予强化。这样做，可使"不合群"的孩子逐渐向"合群"的方向转变。

对于一个不合群的孩子，家长应多为孩子提供交往锻炼的机会。因此，家长要鼓励孩子欢迎主动上门来玩的小朋友，应为孩子们提供游戏的场所和感兴趣的玩具。家长一定要不厌其烦地、热情地鼓励孩子和他们一起玩。在玩的过程中，孩子交往加强了，由不合群逐渐变得合群了。在玩的过程中，孩子要动脑筋，这会促进孩子智力的开发。记住，这种"邀请别人"的行为，一定要反复强化，才会巩固。

总之，要使你的孩子由不合群到合群，不是一朝一夕的事，不能急于求成，要有一个时间过程。一般来讲，如果家长能注意以上几点，我相信，经过一段时间的努力，你将会把自己的孩子培养成一个善于与人合作、能适应社会的人。

6岁儿童标准

标准内容

> 能和不熟悉的儿童在一起游戏；

> 喜欢向同伴或成人请教、分享他们的经验；

> 能主动招待客人，如搬凳子请客人坐，和客人交谈等。

孩子到了6岁这个阶段，可以和熟悉的儿童一起玩游戏，也可以和不熟悉的儿童一起做游戏。在和一群儿童做游戏的过程中，6岁幼儿已经不会顾及这群幼儿是否是自己认识的同伴，就会直接加入其中。并且加入游戏也是主动的，游戏的过程也是愉快的、顺利的。例如，家里来了客人，客人也领着自己的孩子，这时候我们的孩子就会主动找这位第一次见面的小朋友一起玩，并懂事地对对方说："大人在说话，我们进去玩，不要打扰他们。"

此外，这个年龄的孩子学会了分享，孩子的分享是指孩子将自己喜爱的物品、美好的情感体验及劳动成果与他人共享；向同伴或成人请教问题，分享他们的经验。分享和请教的方式是多种多样的，可以是在游戏活动中提供给同伴自己的玩具，也可以是向同伴提出自己不懂的或感兴趣的问题，然后一起解决，也可以是在生活中向伙伴说一些感兴趣的话题。无论是孩子还是成人，他们都是有生活或学习经验的。孩子在与他人共同活动时，随时随地都会互相沟通、交流经验，把自己的所得、所见、所闻、所知、所感与大家一起分享。

此外，6岁的孩子都会非常热情，家里来了客人，客人进屋之后，孩子能够主动替父母招待客人，比如让客人坐下、给客人一个苹果、让客人嗑瓜子等，这说明孩子已经意识到自己是这个家庭的一分子，已经有了明显的人际交往的倾向，这种人际交往已经非常突出。任何交往活动主动性是其最重要的体现，能主动地参与到交往活动中，也是6岁孩子人际交往水平和能力的体现。

典型案例

月月从小性格内向、沉默寡言。为了培养月月开朗的性格和善于待人、调节人际关系的能力，父母从月月5岁起，就开始教月月在家招待客人。开始，家里来了客人，月月总是躲在她的房间里不敢出来。后来，在妈妈的鼓励下，月月能够出来跟客人热情地打招呼了。

有一天，月月一个人在家做算术题，突然听到有人敲门，月月打开门后发现，来访的客人是爸爸的同事刘叔叔和王叔叔，就热情地将其迎进客厅，并很有礼貌地告诉他们："叔叔，我爸爸妈妈去超市买东西了，很快就回来了，你们先坐这儿等会儿。"刘叔叔和王叔叔落座后，月月又问，"叔叔，你们是喝饮料还是喝茶？"刘叔叔看到月月这么懂礼貌，就对月月说："不用麻烦了，等你爸爸妈妈回来再说吧！"但是月月却说："不，叔叔，让你们就这样坐着等，爸爸妈妈回来看到了会批评我的。"说完月月就给刘叔叔和王叔叔倒茶，紧接着，又打开了电视，把遥控器递到刘叔叔手里，对刘叔叔说："叔叔，我先陪你们看会儿电视吧！您找您喜欢看的。"然后自己坐在旁边，跟刘叔叔和王叔叔不时地聊着天。

刘叔叔请喝茶。

案例分析

在案例中，月月最开始性格内向，在父母的鼓励下，月月开始学着和家里的客人进行接触和交流，很快便能热情地招待家里的访客了，会问客人喝什么，会让客人看电视，并能挑客人喜欢的频道，这说明，月月已经能够熟练地招待客人了。

作为父母，要重视教养的重要性。有一些父母认为，现代社会讲个人自由，懂不懂文明礼仪没关系，只要学习好、有本事就行了。但是殊不知"少成若天性，习惯成自然"，孩子若是养成了坏习惯，长大了再改就来不及了。

在言谈举止方面，家长要教孩子做到态度诚恳、亲切，使用文明敬语，简洁得体，既不能沉默寡言，也不能啰唆重复。要仔细倾听对方讲话，交谈时不要东张西望、翻看其他东西。交谈的人很多的时候，不可只跟一人谈话而冷落其他的人，等等。孩子待人热情、礼貌，也在一个侧面反映着父母的为人和素质。

专家指导

人需要朋友，需要交际，而要学会交际，首先就要学会分享，分享可以帮助孩子赢得玩伴和朋友，可以让孩子在活动和交往的过程中获得言语表达，人际交流等技能，还可以帮助孩子学会与他人和睦相处，分享还可以帮助孩子学会与人共同生活、合作共事。

父母们在平时，可以创造一个孩子与家人分享的机会。让孩子先从家人中建立分享意识，再推广到对待小伙伴。比如家长给孩子买玩具时，可以对孩子说："这是爸爸妈妈的玩具，但是爸爸妈妈愿意给你玩，所以你的东西也应该爸爸妈妈用，是吧?"家人一起吃饭时，要告诉孩子，好吃的大家应该一起吃，孩子在家养成了这种分享的意识，就会很自然地想到与他人分享了。

第二部分 人际交往

家长还要让孩子明白"归还"的涵义，孩子不愿意分享，一方面是一种"独占"的意识在影响他，另一方面是怕拿出来的东西有来无回。父母要告诉孩子，分享并不等于失去，是你的东西还是你的东西。这样孩子就不会担心拿出的东西不再属于自己了。让孩子心里踏实，让孩子们知道东西拿出去"借"给对方玩一阵子，别人还会还给自己的。在家里，可以让孩子跟父母玩"借"和"还"的游戏，比如，父母假装把买来的玩具汽车借给孩子玩一会儿，并告诉孩子这是自己的玩具，玩完后应该归还。在外面家长也可以引导孩子把玩具借给小伙伴玩，但是有借有还，这样孩子才会更愿意拿出自己的东西来与人分享。

亲子游戏

游戏内容：互相交换礼物。

游戏目标：让孩子体会分享的乐趣。

游戏道具：小盒子、糖果、号码牌。

游戏步骤：

（1）将不同口味的糖果放到纸盒中密封。

（2）每个人选一个号码牌。

（3）1号先上去选礼物，然后带着礼物回座位去。2号上去，可以自己再选一个礼物,最后是 3 号上去选礼物……最后,大家将礼物交换,1号和 2 号交换,3 号和 4 号交换,以此类推。

相关讨论:孩子是否乐于与人交换和分享自己的礼物?

贴心提示

有时候家长会遇到这样的问题,孩子不但不会分享,而且还很霸道,不但不懂得和别的小伙伴分享自己的玩具,还要抢别人的玩具玩。或是孩子很怯懦,碰上了总抢自己玩具的孩子,而始终不敢吭声。这两种问题,都是最让家长感到头疼的。

其实,很多时候,小宝宝们去抢别人的玩具,并非出于恶意,只是被好玩的东西吸引后,在不懂得怎样处理的情况下采取的“非常手段”。对于会出手抢玩具的宝宝,当宝宝有要玩这个玩具的意图时,我们要跟宝宝商量:“宝宝是不是也喜欢这个小车车呀?小弟弟正在玩,我们等一下好吗?”“宝宝的花篮真好看,要不跟我们家牛牛的换一换好吗?”“牛牛正在玩,要不等牛牛玩好了再给宝宝玩好么?”一般情况下,小宝宝是愿意接受这样的建议的。

如果玩具已经被小宝宝抢走,我们还要继续引导孩子:“宝宝想玩这个玩具是吗?可这是别人的,我们等别人玩过再玩好吗?到时候一定给宝宝玩。”或“我们若是拿走宝宝的玩具,宝宝也会不开心的,对吗?大家是好朋友,要一起玩。”通常,小宝宝为了能继续玩这个玩具,也会接受这样的建议的。

而对于被抢玩具的孩子,家长要及时地安抚宝宝,告诉宝宝,其他孩子只是想玩一会儿她的玩具,虽然他们的举动不怎么好,但是我们也可以借他们先玩一下或是先交换其他宝宝的玩具玩一下。正确地解释其他宝宝的行为,这是让宝宝不再担心和惧怕社交的前提。

然后,可以在宝宝情绪稳定后,跟宝宝一起去做其他孩子的工作,并鼓励宝宝自己说出自己的要求，比如交换或要求对方归还玩具，当然如果能够说服双方一起参加游戏那就更好了。这时候，宝宝或许会因为从未经历过这样的事而退却，那么不用急，和宝宝一起，代替宝宝先说部分，当其他宝宝做出让步时，一方面要夸奖其他宝宝的进步，另一方面也要告诉自己的宝宝，让他看见事情的发展和结果并鼓励他下次还要这样做。当宝宝懂得用这样的方式真的可以解决问题时，他们是愿意学着继续这样做的。

◆ 2. 衡量关心和尊重他人的标准

关心尊重他人是孩子良好道德要求的重要表现。3~6岁的孩子已经有了明显的关心他人的倾向。这是随着其社会性发展而不断发展的，这种表现不是一时形成的，是在家庭中、在幼儿园中与家人、同伴和教师之间形成的，在幼儿社会化的过程中，幼儿能够在活动时关心他人，在交往时尊重他人，这些都是孩子社会性和情感发展的具体表现。

家长也许深有体会，在孩子4岁之前，不管你下班回来有多困多累，孩子都要你陪着他一起玩，但是到了4岁，孩子就会察言观色了，如果你回到家中，显出非常疲惫的样子，那么孩子就会知道，哦，妈妈或者爸爸累了，不能陪我玩了，明白了这一点，孩子就不会去主动打扰你了。同时，他对成人和同伴也会很有礼貌，不会像之前那样，随意地去上前揪人家的眉毛了。孩子在4岁时，已经懂得大人的有些要求是为了他们好，比如，生病了就要打针、吃药，天冷了就要多穿衣服。即使打针很疼，药很苦，衣服穿得太多让自己行动不便，他们还是会听从长辈的要求，因为他们知道，长辈是在关心他们、爱护他们。

孩子到了5岁，渐渐学会了关心别人。晚饭后，会时常凑过来，给劳累一天的爸爸妈妈捶腿、捶背，爸爸妈妈生病了，会主动地让爸爸妈妈吃药，还会给爸爸妈妈端水，照顾爸爸妈妈。

到了6岁，孩子能够学着满足身边人的一些需要，在爸爸妈妈在家里忙不过来的时候，孩子也会帮助家长干些家务活，在幼儿园，这时的孩子也不会像以前那样任性，他会替别的小伙伴着想，看见别人的画笔没水了，就借自己的给别人用，看见别的小伙伴活动时受伤了，会及时上前扶起来等。

父母作为孩子的启蒙老师，除了要教会孩子基本的生存技能，还要以身作则，教育孩子尊重父母、尊重身边的亲人。现实生活中，一些家长把孩子当做是"小皇帝"，家里一切工作都要围绕着孩子转，孩子的喜怒不管是否有道理，一律要遵照办理。在我们现在的一些家庭中，孩子的尊重教育被溺爱所取代，以此造成了孩子从小就"目中无人"。家长只有以身作则，让孩子真正懂得关心别人、尊重别人，才能促进孩子的健康成长。

4 岁儿童标准

标准内容

> 对成人和同伴有礼貌；

> 长辈提出要求时能听从；

> 长辈劳累时不去打扰。

4 岁的孩子在与成人交往时，已经能够礼貌待人，可以礼貌地跟长辈打招呼，面对问题时也能够及时回应。在与同伴交往时，对同伴也很有礼貌，能够在游戏和活动中你谦我让，和平相处。

小朋友一起玩时，这个阶段的孩子懂得"分享"及"轮流"的概念，而不是霸着一个玩具不让他人玩。因为孩子是很没有耐心的，一个玩具玩久了也就没有兴趣了，但是如果其他人也想玩，他就会觉得这个东西很珍贵，反而不舍得放手让给别人玩，所以家长要和孩子沟通，告诉孩子和别人一起玩其实比一个人玩更有趣。

我们时常会看到几个小朋友都抢着要一个玩具，这时家长就可以说：

第二部分

人际交往

"玩具好可怜哦！你们这样一直抢，他会痛的哦！"或者干脆就将这个玩具收起来，跟孩子说："玩具玩得好累哦！他要回去休息了。"再趁机将玩具收好。如果孩子还是不听话，可以跟孩子说："让你玩一会儿，等一下再换我好吗？"这样的语气，会让孩子觉得被尊重，大部分的孩子这时都会回答"好"，再遇到类似的情况时，他们也会用同样的方式对待别人。

对于4岁的孩子来说，长辈对孩子提出某种要求或者要求去做某一事情的时候，孩子应该能够听从长辈的话，迅速就去完成。4岁的孩子懂得尊重长辈，对于长辈提出的要求能去做，这是孩子关心别人的最重要的表现之一。比如，外面下着大雪，家长要让孩子穿上厚厚的棉衣，虽然厚重的衣服使孩子感觉很别扭，很不方便，但是孩子这时候已经知道父母是为了他们好，怕他们着凉、感冒，所以孩子会自觉听从父母的要求。

关心别人不单单要做到听从长辈的话，还要能够做到长辈有事或劳累时，不去打扰，让长辈能够休息或安心做自己的事，这也是尊重和关心的表现。4岁的孩子已经可以做简单的关心动作，比如在家长疲惫地坐在沙发上时，孩子能够凑过去摸摸长辈的脸颊、用小嘴亲亲长辈等。

典型案例

娜娜从小长得非常可爱漂亮，到哪里都很得宠。家里的大人对她就更别提了，总是尽量地在吃穿用上满足她的要求。可是娜娜进入4岁以后，变得很不听话，有些家长合理的要求，她都不肯听。只要妈妈叫她做点事，娜娜就显出不耐烦的样子，一下子就跑得没影了。这时候，娜娜的妈妈就会非常生气，在娜娜身后对娜娜说："你已经4岁了，只是让你顺便拿个东西，你都不愿意，长大了还得了？"娜娜依然什么都不做，自顾自地回房间去了。

娜娜心里想的是"为什么我要做那种事儿？邻居家的豆豆都不用！"娜娜的脾气变得越来坏，也越来越任性了。家长样样事情都要依着她，否则就撒泼打滚、大哭大闹，真是花样百出。

那一天，娜娜跟着妈妈去逛大商场，到了玩具柜台时，娜娜看中了一只漂亮的黄头发的芭比娃娃，哭着喊着要买，可是她爸爸前几天刚买了一个其他样子的芭比娃娃给娜娜，这才多久啊，又要买，好几百元钱一个呢，妈妈舍不得，也觉得没这必要。

可娜娜站在玩具旁就是不肯走，怎么哄都不行，不给买就躺到地上打滚，哭得声嘶力竭的，引来了很多人围观，加上售货员的怂恿，最后妈妈只好掏钱又给娜娜买了一个芭比娃娃，现在娜娜的家里，已经有好几个这样价值不菲的芭比娃娃了，基本上都是娜娜以这样"胁迫"的方式得来的。

案例分析

在这个案例中，娜娜从 4 岁就开始变得非常任性和不听话，妈妈只是让她随手递一个东西，她都不愿意干，而且还学会了无理取闹的坏习惯，家里明明已经有很多芭比娃娃了，但她还是在逛商场时看到新的，就死缠烂打地让妈妈给她买。娜娜的这种状态着实令母亲很头疼。

现在一家就一个孩子，在独生子女的成长环境中，丰富的物质条件容易使孩子养成好吃懒做、挑三拣四的坏毛病。我们经常会看到家庭条件好的孩子往往不听话，而条件不好的却很懂事。孩子是爸爸妈妈的心头肉，

第二部分 人际交往

这点是绝对可以理解的，孩子一哭，天大的事情都会答应下来，这也是人之常情。但这却不是对待孩子的好办法，这样只会让他（她）更加肆无忌惮地"发挥"他（她）的坏脾气。因为，每次发脾气都能得到"好处"啊，何乐而不为呢？所以，有时候做父母的心肠也要"冷"一点，因为孩子虽然哭得可怜兮兮的，却并不是由于遭受了什么不可承受的痛苦，这些因为愿望（奢望）得不到满足而产生的失望、不满、伤心，是孩子在成长甚至人生过程中不可避免的必经之路。

因此，对孩子的物质条件要适当剥夺，这样会有利于改正孩子无理取闹的坏习惯。比如，吃东西的时候给什么就吃什么，如果不愿意吃就挨饿；不该买的玩具一定不给买，孩子怎么闹也不答应。父母应意识到，孩子的习惯是从小培养起来的，在小事上也要坚持原则，不能一味妥协。

但是这种剥夺绝不意味着，当孩子提出一些无理要求时，家长要威胁和批评孩子，不管孩子的要求是否合理，要求得不到满足的结果本身对于孩子就是一种失望，如果再受到家长的严厉批评，孩子小小的心灵就会被深深刺痛。比如，当孩子把玩具撒落一地也不去收拾时，有的父母就会说："你把这儿弄得这么乱，不会玩玩具就别玩了！"当孩子为了看动画片而不理会父母要他画画的要求时，有的父母会说："你没听到我跟你说话吗？不许看电视。"当孩子因为聚精会神地摆弄新玩具，没有听到父母的招呼赶紧吃饭时，父母就会生气地说："就知道玩，看书时怎么不这么认真。"家长这些看似不经意的言语，却明确地表达了对孩子的不满，而经常受到父母否定的孩子往往会拒绝听从父母的任何要求。

家长要时刻提醒自己：孩子还小，这对于他（她）来讲是很正常的。要明白解决孩子的问题是关键，在孩子不听劝或者提出不合理的要求时，你可以平静地把孩子抱到一个安静、不干扰别人的地方，然后给他（她）讲清道理。如果条件允许，可以另行安排一个有趣的活动或物品来代替孩子的选择。

专家指导

来自心理学的调查表明，在3～4岁期间表现出反抗精神的孩子，更容易成为心理健康、独立坚强的人，而丝毫没有反抗表现的孩子，则往往在性格上趋于软弱和寡断。对于处于4岁"反抗期"的孩子来说，父母的教养态度正确与否，直接影响到孩子良好的个性品质的形成。因此，正确对待处于"反抗期"的孩子是很重要的。这一时期孩子开始用自己思维的独立性和创造性地去看待世界，这就是人们常说的童心、童趣。而成人会认为孩子执拗，相反，在孩子眼中家长倒有可能是执拗的，因为父母的要求都是自己达不到的。

所以，让孩子听从要求要掌握度，家长要尝试学会换位思考，这样，宝宝既能听从要求，又不会做出不好的事情。

首先，在教育孩子的过程中，不能将孩子的过错与人格混为一谈。当孩子有了过错以后，家长批评孩子不是对事不对人，而是用简单的否定、粗暴的训斥来对待孩子。如"你真是笨，一辈子没有出息""现在就这样，长大后不知道成什么样子"。这类语言最伤孩子的自尊心，使孩子变得对任何事情都无所谓，甚至自暴自弃，不思进取。

其次，家长不应该对孩子求全责备，要求太高。有的家长往往以成人的标准来衡量孩子，不是站在发展的立场上，宽容地接受孩子由于缺乏经验与能力而犯的过失，而是小题大做，将孩子以往的所有错误重新数落一遍，引起孩子反感。比如，每次要孩子画的画都要在幼儿园被老师表扬，每个星期都要孩子得五朵小红花或五颗五角星等等，这些追求完美的要求，对孩子来说并不合理，长此以往，会引起孩子的不适和反感，而今后家长再有什么建议，无论是合理的还是不合理的，孩子都会出现抵触情绪，就会渐渐和家长"对着干"，再大一点，就不再听从家长的劝告和建议，拒绝来自家长身上的人生经验，这样很容易让孩子误入歧途。

亲子游戏

游戏内容：和孩子一起动手制作纸船。

游戏目标：让孩子学会尊重别人的观点。

游戏道具：积木、白纸、一盆水、磁铁等。

游戏步骤：

（1）家长首先教孩子叠纸船。

（2）叠好后，把纸船放进水里，可以在里面放进一块铁，然后用磁铁在外面吸引小船滑动，放几块积木当做障碍物，让小船穿越障碍物。

（3）向孩子提问，小船为什么能够在水里自然滑动？

（4）向孩子解释其中的道理。

相关讨论：

（1）孩子是否对游戏过程感兴趣？

（2）孩子是否能听懂家长所讲的道理？

贴心提示

家长在批评孩子时，要合理地掌握批评的策略：

第一，批评对事不对人。家长在批评孩子时，应当对孩子有全面的认识评价，既要看到孩子的过错，又要看到孩子的优点长处，要保护孩子的自尊心与自信心，应当向孩子解释为何受到批评，如何改正，如何避免再犯错误。例如，孩子打碎了家里的东西，首先要懂得鼓励孩子，对他说"没关系"。然后是告诫孩子，以后活动时要多加小心，如果在游戏中碰到什么东西受了伤，那可不好了。要让孩子感觉到，在做错事后，家长关心的不是孩子的对与错，而是孩子本身。让他获得一种受重视的感觉。

第二，使用有效的批评语言。家长对孩子的教育要简明扼要，不要反复唠叨。比如，有些家长发现孩子做错了事，批评孩子的时候，就把孩子以前做错的事情通通拿出来翻旧账。反复雷同的讲话内容，对孩子缺乏刺激的新鲜感，使孩子心生厌烦。除了特别重要的事情可以重复一下，一般的事情家长只需要说一遍就可以了。

第三，批评要慎重。批评用得过多过滥，会带来很多不良后果。所以，从有利于孩子的心理健康、有利于孩子发展的观点看，家长应该着重奖励，少施惩罚批评。在以下几种情况下，家长不宜运用惩罚和批评：一是孩子能力不及的事情，例如让孩子自己洗袜子没有洗干净、擦玻璃擦不干净等，这些事情都是孩子还不能做到完美的，家长不要过于苛责孩子，而是要对他们说"干得不错"，及时地鼓励他们，他们就会把事情做得越来越好。二是正确与错误还没有弄清楚的事情。比如，孩子在幼儿园和小朋友发生了争吵，家长应该首先问明争吵的原因，不应该一开始就批评孩子。

5岁儿童标准

标准内容

> 长辈劳累时表现出体贴关心的行为；
> 身边的人生病或不开心时会表示安慰；
> 不嘲笑别人的缺陷或缺点；
> 知道别人的想法有时和自己不一样，能倾听别人的表达。

5岁的孩子，能够在长辈劳累时表现出体贴关心的行为。5岁幼儿在长辈劳累时，不仅能够做到不打扰长辈，还会表现出关心和体贴的行为举止，例如，在家长表现出操劳和疲惫时，能够帮长辈拿东西，把拖鞋给家长准备好，不用家长在回到家中后再费力弯腰拿拖鞋；在长辈坐在沙发上休息时，能主动过去给家长捶捶背等，虽然这时候的孩子做这些还不是很到位，但却是孩子良好行为的体现。

在身边的人生病或不开心时，5岁的孩子会主动安慰家长，他们有主动关心别人的愿望，并且富有同情心。当家里有人生病时能够去安慰，当大人有什么事情不开心时，孩子也能主动去关心，例如孩子会走上前去，摸摸大人的脸，主动询问："妈妈（或爸爸）怎么了？有什么不开心的事儿吗？是不是工作太累了"等。这是孩子社会情感发展的重要表现。

在幼儿园，5岁的孩子能够做到不嘲笑别人的缺陷或缺点。孩子能够理解到有的人是有缺陷的，也能够了解到每个人都不是完美的，是有缺点的，他自己也是一样。孩子知道别人的想法有时和自己不一样，能倾听别人的表达。幼儿能够考虑到别人的想法，从别人的角度出发，可以在活动或游戏时，听取和自己不同意见的同伴的想法。学会倾听是移情的表现。比如，在一起玩游戏的过程中，有的孩子提出应该如何玩、玩具摆放的正确位置等，孩子能够认真倾听别人的建议，并能够接纳不同的意见，耐心和小朋友沟通，争取达成一致的意见等。

典型案例

倩倩的妈妈生病了。妈妈对倩倩说："宝贝，你已经5岁了，妈妈病了，今天让你'当家'，你要学会照顾妈妈啊！"倩倩对妈妈说："好啊！妈妈你放心休息吧。"妈妈说："你帮妈妈去超市买一些东西吧。"

倩倩拿着妈妈给的钱到超市买东西。到了超市，倩倩按照妈妈说的走到日用品架子前，拿起妈妈要买的东西，然后走到食品货架前，拿起食品一起放进超市的专用篮子里，最后转身走到超市门口。倩倩把篮子放到收银台上，收银台的阿姨看了看篮子，问："小朋友，你是出来帮妈妈买东西的吗？"倩倩回答说："是的。"阿姨摸了摸倩倩的头，说："你好聪明哦，是个懂事的乖孩子！"

　　走出超市，倩倩发现自己的兜里还剩下很多钱，想到家里发烧的妈妈，倩倩又到了附近的药店，要给妈妈买药，走进药店，倩倩问正在柜台工作的阿姨："阿姨，请问有没有退烧药，我妈妈发烧生病了，我想给她买药。"药店的阿姨看到这么小的孩子就懂得照顾妈妈，直夸奖倩倩懂事，马上给倩倩拿了药，这时，倩倩发现自己身上的钱不够，对阿姨说："对不起，阿姨，我的钱没带够，我能不能先把药拿回家，回头把剩下的钱给您送回来？"药店的阿姨答应了，倩倩拿着药，飞快地跑回了家，到了家，妈妈问倩倩："怎么买东西买了这么久啊？"倩倩说："妈妈，我给你买药回来了。"倩倩的妈妈看到倩倩这么懂事，就对倩倩说："倩倩真是个好孩子啊！"

我妈妈发烧了，请问有没有退烧药？

案例分析

　　案例中，倩倩的妈妈生病了，倩倩能够体会到病中妈妈的感受，非常积极地照顾妈妈，帮妈妈去超市买东西，还主动给发烧的妈妈买药，有了主动照顾别人的意识。

现在的孩子多为独生子女，家长们大都很溺爱，渐渐地，会给孩子心理的正常发育蒙上阴影，埋下骄横跋扈、自私自利的种子。要教会孩子懂得关心别人、体贴别人，父母首先要为孩子做出榜样。比如，家长自己首先要在家里孝敬长辈。如果家中有老人，有好吃的要先给老人吃，逢年过节要给老人送礼物；如果老人离得较远，应该经常给老人打打电话。要让孩子看到父母不仅对自己有爱，对长辈也有爱。身教的力量远远大于言传。同时，要让孩子懂得"回报"，当孩子想要帮助你做事情的时候，父母一定不要再说"你把书读好就行了"。家长要懂得，父母教育子女最大的责任不是让孩子学会读书，而是让他学会做人，这是他能好好读书、把书读好的基础。孩子懂得付出、懂得"回报"，他才会懂得珍惜、懂得体谅。

此外，父母还可以经常给孩子讲述养育子女的艰辛。十月怀胎，一朝分娩，无论是生还是养，父母都付出了极大的努力。每一位父母在工作中都很不容易，但回到家中，却都能给孩子一张笑脸，给孩子一些超脱的环境，怕艰难的现实生活会给孩子带来压力。其实，如果父母们能经常告诉孩子一些自己的苦恼，那么孩子就会在体谅和感恩中渐渐长大。

专家指导

孩子渐渐长大，虽然还是会调皮、爱捣蛋，但总会表现出贴心的一面。只要爸妈在生活里加上一些引导，提供潜移默化的机会教育，孩子不仅会善解人意，他照顾人的表现，也说明他在人际交往上正在日渐成熟。

你会发现，孩子在幼儿园洗手的时候，看到小班的孩子也要洗手，却转不动水龙头，于是，孩子会马上伸出手帮忙转开，只不过孩子用力太猛，水开得太大，结果喷得自己和小班的孩子一身的水。这个场面虽然很滑稽，但是却足以令人动容，这是幼小的心灵萌发的体贴之心，也是未来孩子在人际交往中不可或缺的一个环节。

日本作家中井俊在《我的孩子真体贴》书中提到："没有体贴的心，生命就没有价值；体贴，是爱的表现。"体贴别人，照顾别人，对于现今的大人来说，都不见得是件容易的事，更何况是5岁的孩子？

让孩子学会照顾别人，体贴别人最直接也最有效的方式，就是在他们面前做得像一位家长。不论是爸爸在孩子的面前称赞妈妈煮的菜好香、妈妈在孩子面前夸奖先生好棒、平时共同分担家务等等，都会让孩子感受到父母彼此间的疼惜和贴心。虽然只是几句称赞的话、一起做家务、关心的眼神，但是对孩子来说，他会有荣誉和自豪的感觉，因为他的爸妈能够相互欣赏！孩子会逐渐了解到关心和照顾别人的价值、建立自信；再透过模仿，孩子会以同样的方式对待身边的人，进而学习欣赏他人的优点、体贴他人。

要学着关心别人、体贴别人，就应该首先了解别人的感受和内心的需要。在这个世界上，没有百分之百的完人，要让孩子懂得这个道理。包容别人的不足，家长首先应该先包容自己的孩子。每个孩子的能力都是不同的，他们总会在一些方面有不足甚至是缺陷。这时候，如果连父母都看不起他们，甚至嘲笑他们，那孩子会更加自卑，自暴自弃，还会把家长的这种嘲笑转嫁到别人的身上。

所以，赏识孩子，不仅仅表现在夸奖孩子的优点和长处上，也不仅仅是激励孩子更加努力和勇敢，还包括如何正确对待孩子的缺点、短处甚至是身体的缺陷。通过宽容孩子的缺点，可以帮助孩子克服缺点、弥补缺陷，从而健康地成长。

亲子游戏

游戏内容：递交尖锐物品。

游戏目标：让孩子学会尊重别人的观点。

游戏道具：剪刀、铅笔等其他尖锐物品。

游戏步骤：

(1) 尖的一端朝自己。

(2) 和对方保持一定的距离。

(3) 保持笑容。

(4) 递交剪刀时，要握住闭合的刀刃，将剪刀握把递交给对方。

(5) 递交削尖的铅笔时，要拿笔一半的地方，笔尖朝向自己交给对方。

相关讨论：

(1) 孩子是否能够掌握递交尖锐物品的方法？

(2) 孩子是否能懂得这样做的原因？

贴心提示

孩子到了一定年纪，就会对他周围的人产生好奇和模仿，他渴望与他们有相同的行为和习惯，这其中就包括骂人和说脏话，孩子学会骂人和说脏话，会对孩子人际交往产生一定的消极影响，让孩子变得为人粗野、蛮不讲理、不重视别人的感受等等。

父母针对这种情况，首先要告诉孩子，他这种行为很粗野，不是好孩子的行为，让他们在心中有"好"和"坏"的概念，让他具有明辨是非的能力，让他区分什么是正确和错误的行为。

其次，要让孩子换位思考，如果别的孩子这样对待他，他会怎么样？比如，他嘲笑别的小朋友，现在别的小朋友的爸爸要找妈妈的麻烦，该怎么办？让他知道由于他的蛮横和粗野，闯了祸，爸爸妈妈得去给别人道歉。

最后还要注意一点，发现孩子有爱骂人、爱说脏话的现象后，一定不要朝孩子发火，更不能打骂孩子，不要一开口就说："你是个坏孩子！"要清楚地告诉他错在了哪里，告诉他以后怎样做才是对的。

6岁儿童标准

标准内容

- 身边的人有需要时能主动关心和帮助。如帮助长辈分担力所能及的家务，看到小朋友哭能主动安慰；
- 活动时能考虑同伴的想法，接纳不同的意见和建议；
- 了解常见的社会职业，尊重从事不同职业的人，珍惜他们的劳动成果；
- 了解和尊重不同民族人们的生活习惯和方式。

随着孩子又长大了一岁，到了6岁这一年，他们关心别人的主动程度也加深了，关心的人群范围也扩大了，无论是在家、在幼儿园还是在其他的地方，孩子都能主动去帮助需要帮助的人，比如，别的小朋友有一道数学题不会，当请教孩子时，我们的孩子会很愉快地帮助他们解答问题；看到别的同伴不开心，还能够主动去安慰。6岁的孩子还能帮助长辈做力所能及的事，比如，帮助父母购物、在购物中还能给点小建议。

6岁的孩子可以接触到不同民族的人，了解不同民族有不同的生活习惯、生活方式，这时的孩子可以接受，并尊重其他民族的生活习惯和生活方式。比如，回族的孩子不吃猪肉、满族的孩子不吃狗肉等。

这个阶段的孩子，已经知道了常见的社会职业，懂得无论什么职业都是值得尊重的没有地位高低之分，知道他们的劳动成果来之不易，都是用辛勤的劳动换来的。在他们的眼里，大街上的保洁员和医院里的医生没有什么不同，都是在为他人服务，工厂的工人和学校里的老师，每天都在勤勤恳恳地工作着。

此时的孩子在游戏或者活动时，会出现各种不同意见，幼儿能够考虑到其他同伴的想法，可以听取并接纳别人的意见和建议。这说明孩子已经能够做到尊重别人。

典型案例

小民从小就是个胆小的孩子，做什么事儿都得让父母陪着，无论是和小朋友们玩，还是睡觉、看电视，没有大人在旁边，小民总是不踏实。有时，小民的这种表现让妈妈很心烦，眼看小民长到 6 岁了，情况有所好转，但是一些事情仍要依赖父母。妈妈尝试过很多方法锻炼小民，但是都收效甚微。

有一次，妈妈要去菜市场买菜，小民还是照例跟着，只是在付款时，6 岁的小民对妈妈说："妈妈，让我把钱给阿姨，好吗？"妈妈一听，高兴坏了，小民会学着替父母分忧了，于是说："好啊！"

晚上，妈妈跟爸爸商量，想出了一个主意，以后要让小民独自去买东西，这是锻炼儿子的一种好办法。

妈妈交给小民的第一个任务是，让儿子去社区便利店买一瓶酱油。那天妈妈在厨房择菜，小民在看动画片，妈妈叫小民说："宝贝，妈妈待会儿要包饺子，可是家里没有酱油了，你去商店帮妈妈买一瓶，好吗？"小民疑惑地看着妈妈问："让我一个人去吗？""对啊，你一个人去，就在小区门口那位叔叔的便利店买，妈妈在家等着用呢！"小民妈妈把钱放在儿子手里，小民看看妈妈，撇着嘴说："好吧！"

过了一会儿，小民拎着一瓶酱油，飞快地跑了回来，他气喘吁吁，但是看起来却很兴奋，站在厨房门口，高兴地喊："妈妈，给你酱油！""小民真棒！小民长大了，可以一个人买东西了，再也不是个胆小的孩子了。"妈妈边说边抱起小民，使劲亲着他的小脸蛋，此后，家里一有什么吃的、用的需要出去买，小民都特别主动积极地替父母出去购物，他觉得替父母买东西非常有成就感。

案例分析

在案例中，小民最初由于胆小，所以从小就缺乏自理能力，什么都要妈妈陪伴，连和小朋友一起玩也要和妈妈一起，说明小民不善于独立地与别人沟通。但是随着年龄增长，小民有了与人交往的意识和需要，所以在与妈妈买菜时，主动提出要替妈妈付钱。妈妈由于此事受到了启发，为了锻炼小民认识外部世界以及与人交往的意识，便让小民去便利店为自己买瓶酱油，小民成功买到了酱油，获得了自信，此后，无论是自理能力还是与人交往的意识，小民都有了很大提高。

　　现在的孩子，大多都养成了衣来伸手、饭来张口的坏习惯，不会关心别人，也不会替家长分担家务，家长要知道，过度的宠溺恰恰是害了孩子，只有勤快的孩子才会懂事，才会知道关心体贴别人。一般情况下，勤快是培养出来的，所以家长要树立这种观念，并付诸行动。要循序渐进地教孩子做一些力所能及的事，大胆地放手让孩子做一些力所能及的事。比如，当我们劳累了一天，坐在桌边准备吃晚饭时，孩子会为我们盛饭、放置碗筷，餐后又会把所有的碗碟收到厨房间，将剩菜包上保鲜膜并放入冰箱，熟练勤快的样子常会赢得偶然来做客的朋友的夸奖。这些习惯的养成，其实全都是日积月累的结果。

　　家长总是担心孩子受苦，担心孩子遭受挫折，尽管家长们自己面临着许多生活的难题和考验，但为人父母总是竭力在孩子面前保持平稳，认为这样就可以保护孩子幼小的心灵不过早地承受生活的重担，其实，这种做法是错误的。既然我们在提倡和孩子建立平等的关系，就应该让孩子了解一些我们的喜怒哀乐，就如我们了解孩子的喜怒哀乐一样，应该让孩子学着承担一些我们的喜怒哀乐。

　　比如，要对孩子时常提起："妈妈挣钱很辛苦！"孩子就会感觉父母的一天过得是多么的不容易，就会懂得多体谅父母，少让父母操心，这样一来，孩子渐渐就会学会关心父母，也会学着关心别人，体谅别人。

专家指导

　　在有的家长看来，孩子到了6岁，即将进入小学，学习似乎成了孩子的唯一，他们就开始更多地关注于孩子的学习成绩，忽略了育人这一更重要的任务，感恩、关爱他人的教育落实不够，直至被遗忘。这样，孩子感恩、关爱他人的"情弦"未被"拨动"，长此以往孩子们也会认为只要学习好就什么都好，养成了只知接受父母及他人的爱，却不知感恩、关爱他人的习惯。

要让孩子尊重和关心别人，就要先从感恩教育开始。什么是感恩？用具体的事情来说，为下班回来的父母端上一杯茶，是感恩；为爷爷奶奶捶捶背，是感恩；在公车上给老弱病残孕让座，是感恩；对老师说一声"您辛苦了"，也是感恩；感恩，就是别人有困难时伸出援助之手……家长要不时地利用课下时间对孩子进行教育。可以将自己在各类媒体以及生活中看到、听到的相关事例讲给孩子们听，让孩子们谈谈对事件以及当事人的看法，谈谈自己从中受到的启发。还可以推荐、引导孩子阅读包含亲情、感恩、关爱内容的经典作品。在阅读的基础上可以给孩子讲有关孝敬、感恩，关爱主题的故事。这种方法简单易行，又能贴近孩子的生活和心灵，让他们在不知不觉中对感恩、对关爱有了深刻的认识和感受，并将这种意识植入心灵。

亲子游戏

　　游戏内容：教孩子学儿歌。

　　游戏目标：让孩子学会关心家长。

　　游戏道具：录音机、《别说我小》磁带。

　　游戏步骤：

（1）播放磁带，教孩子学习儿歌《别说我小》：妈妈你别说我小，我会穿衣和洗脚。爸爸你别说我小，我会擦桌和打扫。奶奶你别说我小，我会种花把水浇。爸爸妈妈工作忙，我能做的也不少。

（2）让孩子反复朗读。

（3）引导孩子理解儿歌的意思，比如，问问孩子"宝宝你都能做什么啊""宝宝会帮家里人干什么啊"等。

相关讨论：

（1）孩子能否理解父母的辛苦，愿意关心父母？

（2）孩子对力所能及的劳动是否有积极态度？

贴心提示

你的孩子是个冷漠的小孩吗？他是否对别人的喜怒哀乐没有丝毫的反应，每天只沉浸在他自己的世界里？

对于孩子的冷漠，父母要及时进行纠正，因为长此以往，必将影响孩子的心理情感发育，要使孩子感情丰富并富有同情心，首先家长在孩子面前，不要表现得过于强势，让孩子感觉没有爸妈不能做的。下班回家，假装累了，请孩子倒杯水给爸妈喝；出门游玩，假装记不清路线了，让孩子帮帮忙；回爷爷奶奶家，让孩子帮忙选礼物；家里来客人，让孩子帮忙迎送客人、端茶倒水；身体不舒服时告诉孩子，让孩子帮忙拿药；回爷爷家，让孩子帮爷爷捶捶后背、揉揉肩。时时为孩子提供表达爱的机会，学会关心爱护他人，从而逐步培养孩子的爱心。

此外，不要任何事都帮孩子做，要让孩子勇于自己承担责任，该吃点苦时吃点苦，该受点累时受点累，这样才能培养孩子的责任心和抗挫折的能力。激励教育是对的，但一味地表扬孩子，很容易让孩子骄傲自满，经不起一点挫折。所以，有时批评和惩戒也是必要的。

父母还需要为孩子创造良好的交流平台，鼓励孩子在幼儿园多与同伴交朋友，与小伙伴友好相处；在家多与亲戚、朋友、邻居交往，见面问候；外出多与叔叔阿姨交流，与人为善。不要给孩子设立过多的条条框框，尽量让孩子按照自己的兴趣去交朋友。使孩子对自己有信心，对别人有爱心，对社会报有责任心。有了良好的交流平台，孩子才能自由快乐地成长，才能不陷入冷漠自私的误区。

◆ 3. 衡量与同伴友好相处的标准

3~6岁孩子的个性已经初步形成，孩子已经懂得要和小伙伴友好相处。4岁的孩子已经有了固定的小伙伴，他们喜欢和这些小伙伴在一起玩，并懂得一些基本的人际交往的标准。比如，别的朋友新买了一个好玩的玩具，我们的孩子也想玩，或者是看到一大帮小朋友一起游戏，我们的孩子也想加入其中，在这些时候，4~5岁的孩子已经能够向别人提出友好的要求，会笑着对别的孩子说"借我玩玩，行吗""我也想跟你们一起玩，好吗"等。在与小朋友发生口角时，孩子能够听从家长的劝解，其实，这个时候的小孩子多半是情绪化的，两个孩子之间的争吵，根本就不会记仇。只要家长能够适当地引导，过不了多久孩子就会和好如初，重新玩闹在一起。

孩子到了6岁，已经有了几个固定的好朋友，这阶段的友谊虽然还不成熟，但是在表面上，朋友之间都是形影不离的，一起吃午餐、一起玩游戏等。6岁的孩子还能够大方接受别人的要求，积极回应别人，也能够坦然地拒绝别人。6岁的孩子懂得了互相之间的合作，共同活动时能够积极和别人配合，共同完成任务。与同伴发生争执时，6岁的孩子已经懂得用协商解决矛盾，用商量的口吻请求别人的理解，例如，当两个小朋友起争执时，在正常情况下，我们的孩子能够主动上去安慰别人，对别人说"别生气了，好吗"这一类的话。

由于不同孩子的个性不同，同时家庭环境也各有差别，所以，孩子之间的交往不可能是一帆风顺的，难免有些磕磕碰碰。家长要保证孩子所生活的家庭气氛融洽、家庭和睦，给孩子树立良好的榜样，这是孩子与同伴友好交往、友好相处的条件。这个时期的孩子最喜欢与同龄的伙伴交往，无论是做游戏还是其他活动都能找到共同语言，能够在相互交往的过程中形成一致性，并且他们从交往中也能体会到交往的真正乐趣。

4岁儿童标准

标准内容

- 有自己喜欢的同伴；
- 想加入小伙伴的游戏或想用（玩）别人的东西（玩具）时，能友好地提出请求；
- 与同伴发生冲突时，能够听从成人的劝解。

由于4岁孩子自我意识的发展，孩子已经知道他自己喜欢什么样的人，不喜欢什么样的人。比如，有的孩子喜欢和活泼、乐观的孩子一起玩，但是却不喜欢和那种飞扬跋扈，只知道抢别人吃的、拿别人玩的，还欺负别人的小孩子玩，因此，我们的孩子会不自觉地在身边寻觅自己喜欢的那类人，只要一发现，他们的心会立刻靠过去，主动去和他喜欢的那种类型的小孩子交往。

4岁的孩子有了自己喜欢的同伴，这时候的孩子对小伙伴的依赖性是很强的，如果小伙伴和他在同一个幼儿园，那么他每天都会赖着父母要和小伙伴一起走，如果不是，那我们的孩子也会在从幼儿园回到家中的第一时间赶去和小伙伴玩，他们简直是形影不离。

这个时期的孩子之所以能够交到小朋友，原因就在于他们懂得了与人交往最起码的原则，那就是互相尊重。孩子看到一群陌生的小朋友在一起玩，而且玩得很高兴，往往会心生羡慕，也想加入他们。但是，这时的孩子已经懂得，做什么事要先争取对方的同意，于是，他们会走上去对那些小朋友说："我也想跟你们一起玩，行吗?"如果小朋友们不答应，我们的孩子也不会轻易放弃，往往会继续提出要求，直到对方答应为止。

4岁的孩子不但懂得尊重对方的意见，还能及时在成人的劝解下和小伙伴冰释前嫌。孩子与同伴间交往时，有时是友好相处的，但有时也会发生冲突和对抗。心理学家认为，孩子间的冲突也会促进孩子社会性的发展和认知能力的发展。所以说，孩子之间的矛盾和冲突对其成长是有好处的。家长在教育孩子时，也不要替孩子去解决问题，要让孩子自己去解决，成人可以正确的引导，如果两个孩子忽然发生了口角，或者厮打了起来，在老师或父母的引导下，我们的孩子往往能够第一个主动承认错误，并向对方道歉，请求对方的原谅。

典型案例

小妍的家里最近来了亲戚，带来了一个与小妍年龄差不多的孩子阳阳，妈妈留他们在家里住几天，并安排阳阳跟小妍睡同一个房间。在大人的指引下，两个孩子做了自我介绍，然后大人们出去办事，两个孩子开始单独相处。妈妈曾经对小妍提到过，阳阳平时是个很内向的孩子，让小妍多陪她说说话，多陪她玩游戏。可是两个人坐在一起时，小妍也不知道该说什么。想了半天，小妍只对阳阳说了一句："咱们看电视吧!"小妍拿着遥控器将电视节目切换到她最喜欢的少儿频道，刚好电视播放的又是小妍最喜欢看的动画片。小妍说："这个好看，我最喜欢看这个节目，你平时在家看什么啊?"小妍的话并没有引起阳阳的共鸣，阳阳都没有什么反应，小妍很无奈，只好对阳阳说："我把遥控器给你，你爱看什么就看什么吧!"阳阳却对她说："谢谢，不用，你自己看吧!"

就这样，几天过去了，阳阳和妈妈要走了，可是小妍和阳阳并没有在这几天里面变得熟络，两个人说过的话加起来也没几句。临别之际，小妍显得很沮丧。

案例分析

在案例中，小妍的家里来了一位小朋友——阳阳，由于阳阳性格内向，小妍的妈妈要小妍多陪阳阳说话，但是小妍却不得要领，和阳阳找不到话题，只能和阳阳聊起电视节目，但是阳阳明显对电视节目这个话题不感兴趣，结果小妍只是自讨没趣。

一般情况下，孩子在和陌生的伙伴相处时，彼此心里都渴望尽快和对方熟悉起来，但真正面对时往往陷入僵局。这个年龄段的孩子要想有一位自己喜欢的小伙伴，就都要经历这样一个由陌生到熟悉的过程。家长要教孩子学会一些找寻话题的方法，可以帮助孩子尽快和小朋友们打开局面：

第一，谈谈周围环境。可以借助环境来引出话题，比如案例中的小妍，可以对阳阳这样说："看，这是我的房间，虽然不是很大，但是妈妈给我布置得很舒服，我床上还有很多小玩具，我们一起玩，好吗？"

第二，以对方为话题。人们一般都想让别人注意自己，因此，以对方作为谈话的开头，往往能让对方对孩子产生好感，建立友谊的基础就初步具备了。例如，可以这样说："听我妈妈说，你的数学学得很好，有什么窍门吗？"

第三，主动提问。孩子之间许多令彼此加深印象的谈话都是由一个问题开始的，我们可以采用问问题的方式来缓解找话题的尴尬局面，比如，我们可以教孩子对对方说"你周末一般都是怎么过的"。对于比较内向的孩子，多发问，可使双方的话题延续。

第四，借助物品引出话题。当孩子之间确实没有什么话题时，还可以教孩子借助周围的物品，比如，介绍自己的玩具，将对方的注意力转移到玩具上，通过玩具增进彼此间的距离，也能找到继续交谈的话题。

专家指导

孩子之间的友谊是在共同的游戏和活动中建立和深化的，家长要帮助培养孩子间的友谊，就应该多鼓励孩子结交朋友，可以带领孩子到亲友、邻居、同事家去做客，让孩子与同龄的伙伴一起游戏。也可以请小伙伴到自己家里做客，家长可在家里提供游戏场所，购置一些图书、玩具，组织孩子们一起游戏和活动。如果有条件，应让孩子尽早入幼儿园，以便结识更多的同伴。孩子有了朋友，一起游戏，共同欢乐，互相依恋，密切了关系，也就架起了友谊的桥梁。

孩子们在一起，斗嘴吵架是难免的，当孩子间发生了争吵和冲突时，成人要采取劝解的办法加以疏导，要帮助孩子多从自身寻找原因，如果是自己孩子错了，要让孩子主动去赔礼道歉。当孩子的伙伴生病时，提醒孩子主动去关心探望。家长还可以鼓励孩子进行一些有意义的互赠礼品活动，如画一幅美丽的画，自制一个小玩具送给好朋友，从而不断发展孩子之间的友谊。

家长要时时关注孩子之间的友谊，可以鼓励孩子的好朋友来家中做客。家长要诚恳地欢迎小客人，平时要多询问孩子："你今天与小伙伴们玩什么了？"发现孩子某一点进步时，要及时地鼓励和表扬。如孩子将好吃的食品与朋友一起分享，将图书送给同伴看，就说："这么小就懂得关心小朋友，你真是个好孩子！"父母的关注、表扬和鼓励，会大大激发孩子与同伴长期友好相处的愿望，促使孩子珍惜和巩固友谊。

今天和小朋友们
都玩什么了？

亲子游戏

游戏内容：教孩子绘制春天的图画。

游戏目标：让孩子以更积极的态度与人交往。

游戏道具：一节藕、一个胡萝卜、一个柿子椒，纸张、颜料、画笔。

游戏步骤：（1）召集孩子的好朋友们到家中。

（2）把藕、胡萝卜、柿子椒等切成两段；再准备各种颜色的颜料，示范如何用这些菜蘸颜料印在纸上，画出漂亮的花，然后您用颜色笔帮助宝宝把花"加工"漂亮（如果有更多小朋友一起完成效果更好）。

（3）在绘画过程中，您可以提示孩子们互相交换手中的"画笔"，看孩子们是如何"协商"的。

相关讨论：

（1）孩子在绘画过程中是否能相互配合对方？

（2）孩子是否能体会与其他小朋友一起活动的乐趣？

贴心提示

孩子间的冲突是其成长过程中非常必要的体验，孩子间的口角、冲突并不都是坏事。冲突产生最主要是由于孩子与人交往的能力缺乏，而每个孩子都必须走出家庭，走向社会，他们需要学习与人相处的规则和技巧，比如平等交换、尊重他人、与人分享、沟通、轮流等待、自我控制等交往的基本原则和方法。冲突则是发展孩子自主解决问题的能力以及上述交往能力的好机会。

比如，两个孩子一起看动画片，孩子打了另一位孩子的头，而原因是前面的孩子太高挡住了自己的视线，被打的孩子因此哭了起来。孩子这时候知道"见好就收"，连忙道了歉，被打的孩子也不再追究，他们很快就找到了解决问题的办法——互调位置。

孩子一分钟前还是"敌人"，一分钟后又成了玩伴，这说明，孩子间的冲突大多可以在没有成人干预的情况下自行解决，当然，这并不是说家长可以放任不管，而是要看孩子间冲突的程度，然后再给予适当的引导和教育。

在未来的学习和生活中，许多左右为难的问题会始终伴随孩子，他们会经历坚持、妥协、让步……直到问题解决。经历了独自解决问题这一过程的孩子，在面对问题时，思考会更成熟，更容易换位思考，也更能承受失败的痛苦。

5 岁儿童标准

标准内容

> 有一个或几个经常一起玩的好朋友；

> 想加入同伴游戏或想玩别人的玩具时，会运用一些策略。如以恰当的角色身份出现：用自己的东西与同伴交换等；

> 对大家都喜欢的东西能轮流、分享；

> 与同伴发生冲突时，能接受成人或同伴的意见和建议。

5 岁时，孩子已经有了几个经常一起游戏、玩耍的伙伴。孩子在与这

第二部分　人际交往

些小朋友交往时，总会出现种种的问题，所以在孩子在处理问题的过程当中，家长要引导孩子完善自己的认知能力，比如，在游戏过程中，要让孩子互相谦让，让他学着照顾比自己年龄小以及交往能力差、性格内向的孩子。

孩子有了和自己经常一起玩耍的同伴，说明了他与同伴之间建立了较为稳定的友谊。幼儿的童年是天真无邪，并且永远难忘的，因此，也需要成人能够对不善于交往并建立友谊的幼儿进行引导。随着幼儿年龄以及认知能力、思维能力的进一步发展，5 岁的孩子在与别人交往时，会讲究一些方法，运用某种策略。比如，孩子想要加入同伴之间的游戏，他会主动变换角色很有技巧性地加入游戏当中，或者会用自己的物品交换，或者把自己的物品放在游戏当中，作为游戏的道具使用。

与同伴交换物品、担当角色等，是幼儿想与人交往的重要表现形式，技巧和策略的运用表明幼儿的交往能力在不断提高。比如，孩子对每个人都喜欢的东西能够拿出来一起玩，而不是独占，能将喜欢的玩具、物品跟其他同伴轮流用或玩，这是孩子掌握交往行为的一种形式，分享的原则是孩子愿意与其他同伴共享，共享的过程是愉快和谐的。分享的结果是每个人都能感受到分享，并能体验到分享的快乐。孩子与同伴交往时，常常会因为争夺玩具或者观点不同产生矛盾，而因此发生冲突。与同伴发生冲突后，成人在解决矛盾的过程中，会引导孩子如何去对待同伴以及与同伴所发生的摩擦，孩子也是能够听从成人的意见和建议的。在与同伴游戏或活动发生冲突时，也会接受同伴的劝解、建议或意见。

典型案例

莹莹的性格天生内向，不爱与其他的小朋友交往，也不喜欢和小伙伴一起做游戏。进了幼儿园，到了 5 岁还是不爱参加幼儿园组织的集体活动。在幼儿园里，莹莹没有朋友。有一次，老师让她参加一个集体活动，当时莹莹的妈妈征求了莹莹的意见，她同意了。结果到了要参加活动的那一天早晨，莹莹却对妈妈说她不想去幼儿园了，妈妈好不容易把她劝到幼儿园，她被小朋友夹在中间，紧张得都快哭了。

　　莹莹妈妈觉得莹莹再这样下去是不行的，于是决定去幼儿园与莹莹的老师进行沟通，莹莹的老师对妈妈说："莹莹是个很聪明的孩子，她的领悟能力和学习能力都很强，就是不善交际，有点孤僻，应该让莹莹好好锻炼一下。"老师跟妈妈商量，建议让莹莹从做早操开始。莹莹每次做早操的时候总是找种种理由不出教室，老师说其实莹莹做操做得还可以，但就是不愿意做，这是因为她害羞、没有自信，妈妈觉得老师的建议很好，决定配合老师。

　　这之后，每天早晨莹莹都在老师的带领下出来做早操，但是每天早晨到幼儿园时，她都要在家里哭闹一阵。但是妈妈都没有中断尝试让莹莹出去做早操的决定。

　　在坚持让莹莹做早操的同时，妈妈还经常带着莹莹参加各种儿童活动，鼓励她和其他小朋友接触。一开始，莹莹并不知道怎么融入到小朋友当中，而妈妈引导她，让她懂得自己的东西要和别的小朋友分享，这样才能尽快融入到集体当中，于是，莹莹拿出了自己平时最喜欢的玩具，和小

第二部分　人际交往

朋友们一起分享，很快，莹莹就有了几个志同道合的小朋友，每周末，这几个小朋友都会和莹莹约好，在公园的游乐场见面，一起玩耍。有了几位小伙伴的陪伴，莹莹也逐渐开朗起来，开始尝试着和更多的小朋友交往。在幼儿园里，莹莹也能够主动和同学们一起做游戏。最初让莹莹厌恶的早操，莹莹也渐渐喜欢起来，这时候的莹莹已经不再需要老师的督促了，她会主动地拉起小朋友的手，跟其他小朋友出去站队。妈妈逐渐发现，莹莹已经变成了一个充满自信的孩子了，她不再抵触幼儿园的集体活动，有时候还会主动要求参加，无论是在幼儿园还是在家里，莹莹都很积极地和小朋友展开互动。

案例分析

在这个案例中，莹莹最开始由于不善于与人交往，在生活中没有找到能玩到一起的朋友，而在老师和妈妈的鼓励下，莹莹开始学着和其他小朋友接触，起初，小朋友们对陌生人总是有隔膜的，莹莹无法顺利融入到集体当中，但是妈妈教她要懂得分享，于是莹莹拿出自己的玩具，与小朋友们分享，缩短了彼此的距离，使自己很快便融入到了小朋友中间，还交到了几个好朋友。有了与这些好朋友交往的经验，使莹莹在与人交往中充满了自信，性格也变得更加开朗了。

在生活中，集体活动是提高孩子与人交往能力的良好渠道。一个人的一生不会只有一个朋友，要认识更多的朋友，孩子就要融入到集体当中，体会集体活动的乐趣，在共同活动和游戏中，增进彼此的了解，增加彼此的共同点，这样才能在孩子中间产生友谊。现在的独生子女，大多都缺少游戏的玩伴，孩子都喜欢参加集体活动，但是也有一部分像莹莹这样的孩子，不乐于与人交往，不愿意参加集体活动，此时，家长需要对孩子进行适当的鼓励和引导。

首先，要主动为孩子创造集体活动的环境。比如，多带孩子串串门、拜访亲友、参观游览，为孩子提供必要的玩具和空间，让孩子与其他的小朋友进行交往、游戏，鼓励孩子参与幼儿园里不同类型的集体活动。多安排孩子与集体接触，增进孩子对集体活动的了解，让孩子对集体活动产生兴趣。

在参加集体活动的过程中，家长要教会孩子礼貌、谦让、适当分享的交往原则和策略，不要让孩子在交往中"护食"，因为这样做会遭到集体的排斥，不利于孩子交往能力的提高和增强。要让孩子懂得付出才有回报的道理。让孩子和其他的小伙伴一起分享最新的玩具汽车，让孩子和其他的小伙伴一同品尝零食，这些都有利于孩子在集体中的活动进行得更顺利。

其次，引导孩子在活动中建立友谊。家长可以让孩子自己找朋友，然后让孩子跟朋友一起做一些需要多人才能完成的任务，比如小军旗、跳棋等。让孩子跟他喜欢的小伙伴们共同参与活动，然后相互合作完成活动，用同伴的热情感染孩子，带动孩子。

专家指导

随着孩子的成长，他所接触的人事物都越来越多。在宝宝交往过程中，有的孩子积极主动，却得不到小朋友们的响应。如果在交往中孩子遇到了挫折，那么家长该如何处理呢？

其实，在交往受挫之后，孩子常常会退缩，这也是孩子的一个正常的反应。家长可以引导宝宝用别的方式来表示自己的友好，比如微笑、挥手打招呼、把自己的玩具给别人玩等等，别的孩子不一定喜欢别人去拉他的手，所以宝宝就会逐渐地学会用不同的方式跟别人交往。

要让自己受人关注，光在交往中积极主动是不够的，还要懂得交朋友的技巧，家长可以根据孩子的实际情况有针对性地教他一些社会交往技巧。比如一个球或者一个娃娃，这样孩子很容易争抢起来，但家长可以提

第二部分 人际交往

供很多玩具，如积木、玩沙的工具，每个孩子都会找到他自己喜欢的玩具，这样会给孩子创造一个好的交往的机会。

在孩子的交往问题上，很多家长都苦恼，每个孩子的性格特点都不一样，在社会交往中表现出来的情况也不一样。实际上，每一个社交技巧的形成都需要不断练习，所以家长有好的办法就要提醒孩子用这个办法去跟别人交往。对于5岁的孩子来讲，分享的概念和物权的概念还不能充分理解，所以都是在一次一次的社会交往的过程中帮助孩子去建立。建立轮流玩玩具的规则很重要，也就是每个人玩多长时间以后交换，这样孩子就会知道他可以玩多久的玩具，建议家长可以尝试一下。任何一个习惯的形成都是需要时间的，我们需要耐心。当孩子表现出一点进步时，就要给予鼓励和肯定，让孩子能把有效的技巧巩固下来。

亲子游戏

游戏内容：进行虚拟的"跳房子"游戏。

游戏目标：培养孩子在活动中相互配合、相互合作的意识。

游戏道具：布沙袋或小石块一个。

游戏步骤：

（1）召集孩子的好朋友们到家中。

（2）在平坦的场地上画一个图形（如长方形、正方形、圆形、三角形等形状组成的物体图形）。

（3）首先排定游戏顺序，先由第一人将布沙袋抛进第一格，用单脚跳进第一格，接着用单脚将布沙袋踢进第二格，然后用双脚跳进第二格。

（4）再将布沙袋用双脚夹进第三格，接着用单脚跳进第三格。

（5）这样单脚、双脚交替踢或夹布沙袋，直到把布沙袋踢出第六格，双脚跳出第六格，算一次成功，可得 10 分，然后再从第一格重新做起，若在某格失误，可在下一轮时，从失误格做起；几轮以后，以得分最多者为第一名，以此类推。

相关讨论：

（1）孩子在游戏过程中是否懂得相互配合？

（2）孩子是否能在游戏中发现集体活动的乐趣？

贴心提示

自主、自信、善于交往、健康活泼是每位家长希望孩子达到的理想状态。由于家庭、社会、环境等多种因素，一些孩子性格懦弱、孤僻、过多依赖于大人，这都不利于孩子形成健康的心理。家长可以利用自己与孩子都在家的节假日，借着亲友来往的机会，在培养孩子交往能力、塑造其开朗性格方面做些尝试。

首先，要鼓励孩子将小朋友请到家中来，家长不要怕吵闹、怕把家里弄乱弄脏。对孩子在和小客人玩耍中的表现，只要不是原则性问题，就不要过多干预，而应冷静地在旁边观察、倾听，等客人走后再心平气和地和孩子谈他们的游戏。

其次，鼓励孩子走出去，让孩子去主动找同伴玩耍。开始家长可跟随孩子到同院有小伙伴的邻居家去玩，逐步过渡到孩子能自己主动到同伴家

103

第二部分 人际交往

玩。另外家长还可跟随孩子到院子里找小伙伴玩，注意观察孩子和同伴交往的情况，回家后给予总结。谈话时要让孩子觉得你是在不经意地与他叙事，不要太过严肃。对孩子在交往中出现的矛盾、冲突，家长不要过早干涉，万不得已时再进行调解。

家长还可以带领孩子走亲访友。家长出发前和孩子共同准备给亲朋的礼物，另外可让孩子准备他最拿手的本领，到亲朋家展示；在路上和孩子讲亲朋的趣事，提出串门时注意的问题，如不要乱翻别人的东西、注意礼貌等；到达后让孩子观察父母是如何串门、谈话的，回家后进行总结。

6岁儿童标准

标准内容

➢ 有一个或几个固定的好朋友；

➢ 对别人的请求能够积极回应，不接受时也能说明理由；

➢ 共同活动时能与同伴分工合作，一起完成任务；

➢ 与同伴发生冲突时能协商解决，不因矛盾而放弃共同活动。

随着孩子年龄的增长，6岁孩子的人际交往能力也在不断增强，这时的孩子已经有了固定的好朋友，已经能够达到正常的人际交往水平，并接近成人的交往水平。比如，他们懂得，朋友之间要坦诚相待，要懂得诚信。在一些问题上，孩子可以和朋友说一些真心话，例如，学习上的问题或是家庭问题等。每当游戏时，孩子总能够迅速找到自己最要好的伙伴，进行轻松、和谐、愉快的游戏活动。

交往不是单方面的，而是双方的交流和互动。对6岁的孩子来说，他与别人交往的时候，针对别人对他的请求或要求，幼儿能够及时、积极地做出回应。比如别的小朋友有了困难，请求帮助时，孩子能够及时地伸出援助之手，无私地帮助别人。能够积极地对待别人，能够做到尊重别人的请求，这些都是孩子懂得交往的原则和技巧的表现。

6岁的孩子还能做到，当别人所提的要求不能接受时，也能够礼貌地说出不接受的理由，而不是不理睬或口出恶语。比如，不替别的小朋友撒谎欺骗老师、欺骗父母等。

6岁的孩子由于自我意识的提高，做事已经非常有主见了，这就容易使他在与同伴活动时产生冲突，因为孩子各自的想法是不同的，但是，一般冲突就都是比较小的，比如对物品的争夺，或者对有限空间的抢占等等。最主要的是，6岁的孩子能够在产生冲突之后解决冲突，进而继续游戏或活动，而不是因为发生了冲突把活动放弃了。幼儿与同伴间发生冲突并解决冲突的过程在一定程度上有利于幼儿社会交往能力的提高。

典型案例

小宇和小彬是一对很要好的小朋友，每天从幼儿园回来，两个人总是相约在小宇家楼下玩，邻居家还有一个非常可爱的小女孩，名叫小彤，小彤是两个人新接纳的小朋友。有一次，小宇、小彬、小彤照例在小宇家楼下玩，小宇的妈妈正在家里做饭，突然听到外面有人喊："你们别打了！别打了！"妈妈听出是邻居小彤的声音。妈妈立刻跑到阳台上去，看到自己的儿子小宇和隔壁的小彬打得正厉害，旁边的小彤拉都拉不开。妈妈赶紧跑下了楼，看到儿子和小彬已经停止了打架。小彬站在南边，脸上满是怒气，瞪着小宇。小宇紧握双拳，那架势好像马上就要扑上去和小彬继续厮杀。妈妈边走边对其他孩子说："都上楼来吧！"小彤快速跑到了小宇的家中，只剩下他们俩。妈妈走到他们俩前面，看到小宇两眼简直要喷火，眼角还挂着两滴眼泪。看来，孩子真的生气了。妈妈先走到小彬跟前，问小彬怎么回事。小彬说："刚才和小宇赛跑，但是在跑的时候小宇推了我一把，把我推倒了。""把你推倒了？疼吗？"小宇的妈妈问小彬，小彬摇了摇头。

"推倒你的人应该受到批评。"妈妈看了一眼小宇，小宇连忙说："我不是故意要推他的，我跑的时候鞋掉了，没站稳，就推了他一下。"

妈妈问："你给小彬解释了吗？"

"我说了，他不听！"

"小彬，这可就是你的不对了。"妈妈凝视着小彬的脸，小彬低下了头。

"就为这点小事，瞧你们刚才的样子，就像两头打斗的小公牛。"妈妈接着说，"男子汉，要学会宽容别人。一方不是故意的，就应该原谅别人，宽容别人，懂了吗？"两个人都点了点头，妈妈继续说，"那你们知道现在该怎么做吗？"小宇第一个转过头对小彬说："对不起，我不该推你。"小彬也对小宇说："我也不该不相信你。"不一会儿，两个小伙伴又开始手拉手玩了起来。

案例分析

在这个案例中，小宇和小彬起了争执，最后在家长的介入下，小宇和小彬互相道了歉，两人冰释前嫌，又重新玩在了一起。

孩子的心灵像天使一样，受伤之后特别容易恢复，所以即使与朋友之间有了矛盾，他们也从不会记仇，伤心的事转眼就忘，他们在前一秒钟还鼻涕眼泪的，后一秒钟就绽开笑颜，把前面的伤心事忘记得一干二净。

现在的大多数孩子都是独生子女，平时在家里呵护备至，如果听到孩子在外面受了委屈，大人往往会把这种委屈放大，教孩子"以牙还牙"，这样矛盾就会升级。其实，当孩子间发生冲突时，如何教育孩子"化干戈为玉帛"，借机学会正确地处理人际关系，是一个不容忽视的命题。

孩子年龄小，认知能力有限，言语不和用拳头说话的现象难免发生，其实，这都不必大惊小怪。关键问题是，当矛盾出现后，家长应该用怎样的处理问题方式方法。家长对事情的处理方式潜移默化地影响着孩子，因此我们提倡家长做个"灭火器"，对孩子的"公关危机"进行正确引导。

孩子打架之后往往情绪波动很大，一方面由于委屈，要寻找支撑；另一方面则为自己的过错寻找借口，逃避大人的责难，因此对事件的表述可能与事实有一定的出入。这时，家长特别需要冷静，要弄清事情的前因后果，然后再采取相应的处理方式，切不可盛怒之下责怪孩子"出手不够狠"，更不能自己冲锋陷阵替孩子"打回来"，这样肯定会助长孩子畸形性格的养成。自己的孩子自己疼，但当孩子受委屈时，更应该从着眼于培养孩子宽容大度、能够正确处理人际关系的角度出发来处理问题。不妨先让孩子从怨气中解脱出来，然后多从自身找原因，教会孩子处理类似的矛盾。摆事实、讲道理，用纯净的心灵、高尚的行为感染人，这样才是好孩子！

先给自己"灭火"，再给孩子"灭火"，这样就能使和善之气上升。小孩子打架不记仇，多为孩子间和谐关系的持续发展考虑，即使吃点小亏又何妨？

专家指导

为人父母，要交给孩子与人交往的最重要的一个原则就是宽容。人非圣贤，孰能无过？家长要在平常的教育中潜移默化地让孩子明白这样一个道理：没有百分之百的完人，是人都会犯错误，在别人的错误面前，要懂得宽容、大度，要原谅别人的无心之过。

家长要配合幼儿园的教育理念，从小引导孩子学会宽容，要注意以下几点：

第一，营造温馨、和谐、友爱、宽容的家庭氛围。家庭成员之间彼此友爱，互相宽容，不争不抢，生活在良好、和谐的家庭氛围之中的孩子就会受其影响，逐步形成宽容、忍让的良好品性。例如，夫妻间有了矛盾，也要学着及时地沟通，学着互相包容，互相理解，试问，有多少父母，当着孩子的面大吵特吵，又有多少父母在孩子面前，相处如冰，大搞冷战？家长总以为孩子还不懂这些，孰不知，大人之间的争执已经对孩子造成了不良影响，父母之间的不和谐，也会造成他今后与人相处时缺乏理解、包容的态度，这种例子，已经屡见不鲜了。

第二，要正确对待孩子与同伴之间的冲突。当孩子与同伴发生纠纷，特别是自己的孩子吃了亏时，家长一定要冷静，要先搞清事情的缘由，再与对方家长、老师协商解决，切不可冲动地责骂对方，或怪自己的孩子笨、没本事，甚至教自己的孩子用拳头去"还击"对方。家长要明白一个道理：在漫长的人生道路上，人与人之间的摩擦冲突是不可避免的，冷静处理才是上策。父母在孩子幼年时处理问题的方法，会给孩子留下深刻的印象，对孩子一生影响极大。

第三，用故事、儿歌等教育孩子学会理解别人，学会宽容。家长可以选择一些相关内容的连环画、图片等给幼儿看，还可把生活中含有理解、关心、友爱、宽容等内容的事情，编成朗朗上口的儿歌和短小易懂的故事，讲给孩子听，使孩子知道宽容是一种美德。

亲子游戏

游戏内容：带宝宝去"熊爸爸家做客"。

游戏目标：引导孩子在人际交往中要遵循一定的社交礼仪。

游戏步骤：

（1）让爸爸扮成"熊爸爸"，妈妈先带宝宝去"熊爸爸"家做客。妈妈拉宝宝的手敲敲门，里面的熊爸爸问："是谁在敲门?"妈妈教宝宝回答，然后等熊爸爸来开门。开门进入以后，妈妈示范如何问候、如何拥抱等。

（2）让宝宝自己来独自完成。

（3）让宝宝当主人，妈妈和爸爸去做客。

相关讨论：

（1）孩子在拜访别人时是否能和别人打招呼?

（2）孩子在客人来访时能否主动招呼客人，是否对客人热情?

贴心提示

孩子爱挑别人毛病怎么办？有的家长会发现，孩子到了一定年纪，就特别爱挑别人的毛病，看谁都不顺眼，总能说出一大套别人不合理的地方。比如，班里有小朋友画的画很好看，受到了老师的表扬，孩子回家来会酸溜溜地说："其实她画得丑极了，还没我画得好呢！""她那么笨，怎么能画得出来，肯定是他妈妈替他画的！"等等，其实，这是孩子的嫉妒心在作祟，人都有嫉妒心理，孩子渴望得到他人的认可，当自己不被认可时，就会产生嫉妒心理。对孩子的这种行为，家长切记不能当众训斥，那样不仅孩子不服气，还会让他的嫉妒心理扩大。

首先，家长要多找孩子的优点。周末家里人在一起时，可以每个人给孩子找一个优点，然后让孩子说说他的哪些优点家人平时还没有注意到。俗话说，"预先取之必先予之"，只要满足了孩子那小小的虚荣心，他便不会再处处挑别人的毛病了。

其次，要让孩子正确看待身边小朋友的优点和不足。让孩子也找找他们班上那个总让他看不顺眼的孩子的优点。一开始，他肯定不愿意找，也不会找，但是，家长可以有两三句提示，比如，"老师经常夸他什么啊"之类，当孩子找到了对方身上的优点，就会淡化对方的缺点，他的注意力就不会集中到别的孩子身上的缺点上。让孩子认识到每一个人都有优点和缺点，当他取得成功或进步时，我们应该表示祝贺，去分享他们的喜悦和快乐。

3~6岁儿童学习与发展

父母大讲堂

——社会性与情感

第三部分　情绪情感

中国有句老话，叫做"六月天，孩子脸，说变就变"。回想起我们的孩子刚出生的那些日子，父母真是感慨万分。刚出生的孩子从母体里成长了 10 个月，一出生，对这个世界充满了陌生，因为已经习惯在母体的生活，孩子来到这个世界上会不适应，所以他们会哭、会闹，这个过程几乎贯穿于孩子 1 岁之前的日日夜夜，每一个家长都会有这样的经历：已经凌晨 2 点了，孩子哭闹了半天，好不容易睡下了，家长们也自以为能睡个安稳觉了，哪知道刚一合眼，孩子就又哭了起来。

其实，这个时期的孩子还没有自己的情绪，他们只是放松地、随意地宣泄自己，而不会像成人那样刻意地为某件事而压抑自己。可是，随着年龄的增长，家长的开心、哭泣、担忧、失望，都会转化成知识和信息储藏在孩子的大脑中。到了孩子 3 岁的时候，情绪就渐渐地产生了，可是这时候的孩子，情绪上很不稳定，正向开头那句话一样，"说变就变"，有时候面对家长的时候，还喜笑颜开，但是家长一转身，就会号啕大哭起来。

进入 4 岁，孩子的情绪渐渐稳定，很少哭闹了，比如，摔了一跤之后，不会再和从前那样疼得哭起来，而是会自己爬起来等。并且，4 岁的孩子还能够简单地表达出自己的情绪现状，例如寂静的夜里，孩子会和妈妈说"妈妈我害怕"等。4 岁的孩子受到大人的表扬，听到大人称赞自己是个好孩子、乖孩子、懂事的孩子时，通常会感到很开心、很自豪，并且还能表现出对父母家人的关爱。

5 岁的孩子是快乐的小天使，家长会经常看到他们每天都乐呵呵的，仿佛童年的每一件事都是无忧无虑的。5 岁的孩子每天都能保持愉快的情绪，他们可以快乐地和小朋友们玩耍，在与小朋友和成人的接触中，能够主动说出自己的情绪，不开心时，会时常撅起小嘴说"我生气了"等，但是，只要家长耐心地哄哄他们，他们通常能够平静下来，脸上再一次挂上

第二部分 情绪情感

灿烂的笑容。

而孩子到了6岁，随着情绪情感的继续发展，孩子不但可以每天保持愉快的心情，还能够积极、乐观地对待身边的一切事物和人，他们对人热情、为人开朗，这时候的孩子一个笑容，便能够驱散身边的所有阴霾。而这时候的孩子还能够表现出对别人的失望、担心等负面的情绪，但是，孩子已经有了初步的情绪调节能力，能够较快地自我缓解这些负面的情绪。此外，还能够从兴奋的状态下迅速地转入到安静的状态下，例如，孩子在外面踢足球出了一身汗，回到家里歇了一会儿，就能够马上回到自己房间去读书、做功课等。6岁的孩子已经有了荣誉感，他们会为集体的荣誉感到自豪，也会对关爱自己的人表示感激，6岁的孩子，懂得爱祖国、爱家乡，会为自己是中国人而感到自豪。

孩子分析问题和解决的问题的能力是很弱的，这个阶段的孩子要养成健康的情绪情感，还需要父母大量的指导和帮助，情绪和情感的发展是形成孩子智慧的重要源泉，因此，父母要在早期教育中为孩子构建有利于孩子情绪成长的阳光环境。

1. 衡量幼儿积极情绪的标准

积极的情绪状态，是孩子的需要得到满足之后而产生的一种愉快的、舒服的体验。积极的情绪状态对孩子是有重要的意义的，它可以提高孩子的满足感和幸福感，有利于孩子更加积极正面地去游戏、去活动或者去交往，对孩子的认知发展、身心健康发展以及对孩子个性的形成都起着至关重要的作用。

3岁的孩子还常常处于激动的情绪状态，在高度激动的状态下，孩子完全不能控制自己，会大哭大闹、大喊大叫，短时间内无法平静。而在获得关系对象的"接纳"之后，他们就会感到满足和幸福。

孩子到了4岁起，情绪进入了稳定期，哭得少了，也很少闹了，例如，在有病或发烧时，不会疼痛地大哭大闹，而是自愿配合家长，吃药和接受治疗。在与小朋友一起活动中，也不会因为孩子间的某种冲突而大声的经常性的哭闹。

到了5岁时，孩子有了较积极的情绪，每天早上，他们一睁开双眼，就可以一种愉快的心情来面对新的一天。同时对周围任何事都感到新鲜有趣，愿意去探究和钻研，容易与其他伙伴走在一起，并能够一起活动，建立一个比较稳定的友谊群体。

这个阶段的孩子虽然心情不错，但是也需要家长的引导，例如，孩子高兴是积极情绪，但是高兴得变成了"人来疯"，就会对孩子的身心健康造成消极的影响。而且，父母也应该了解孩子愉快的原因，不能让孩子只顾着高兴，要在孩子心情好的时候向孩子灌输有益的情绪和情感经验。

6岁的孩子积极、乐观，会经常和大人、小朋友谈论一些有趣的话题，还会讲一些小笑话，活跃气氛，由于人际交往意识的提高，6岁的孩子可以和幼儿园里的小朋友们一起玩，并在集体活动中感受到莫大的愉悦。无论是在家里还是在幼儿园，孩子都会保持比较良好稳定的状态，做事情也会非常有兴趣，不会感觉疲劳，有一种积极向上的精神和劲头。遇到麻烦时，孩子也能够保持积极的态度处理事情，不会做出过激的行为。

4岁儿童标准

标准内容

> 情绪比较稳定，很少哭闹。

细心的父母会发现，随着孩子生理上的成长，4岁的孩子越来越不好管了。4岁的孩子对情绪的控制能力还很差，在接受父母指导前，情绪变化会毫不隐藏地表现出来，而且会用自己的语言来表达。如，不高兴就哭，高兴、开心就大笑或者手舞足蹈，愤怒就瞪眼睛，跺脚等，宝宝的情感没有丝毫掩饰和虚假，既纯又真。这时候的孩子喜欢谁就说谁好，不喜欢谁就会说谁不好，说谁是"大坏蛋"。同时，宝宝的情感还不稳定，非常容易受周围环境的影响，这个时期的父母应该理解孩子的好奇心，多鼓励他们，比如，要对孩子说，"如果你哪一天在幼儿园又得了小红花，我就给你多讲一个故事"等，这样孩子的情绪才会得到控制。孩子会认为父母在一定程度上对他的好奇心表示认可，久而久之，孩子的情绪会逐渐稳定下来，不会随便跟家长要赖皮，也不会随便哭闹了。

典型案例

壮壮4岁了，从小一直由婆婆喂养，和婆婆生活在一起，感情非常深厚，上幼儿园也是婆婆接送，父母亲只是他家庭生活中的普通的一员。一天下午，幼儿园放学了，幼儿园大门口已经有家长在等候，有几位家长在大门外边探头张望。壮壮离开自己的座位往大门口跑，一副瘪嘴欲哭的表情。原来，今天和往日不同，往日都是婆婆接壮壮上下幼儿园，而今天则换成了壮壮的妈妈，妈妈在门口想抱起壮壮，准备回家，壮壮不干了："婆婆呢？我要婆婆！"

妈妈回答："婆婆在家呢。"

"不要，不要，我要婆婆接！"壮壮哭了。

"婆婆的脚扭了，不能走路，妈妈带你回家。"

"没有，没有，我要婆婆来带我!"边哭闹边推妈妈。

妈妈耐心地讲着，而壮壮越哭越厉害，面对越来越多的家长，妈妈一脸尴尬。妈妈轻轻地拍着壮壮，拥抱到怀里，可是壮壮并没有停止哭泣，一边哭还一边说："我不要妈妈带我回家，我要婆婆带我回家。"

壮壮每天跟着婆婆，最喜欢婆婆，幼儿园里待了一天，最想见到婆婆，但是，正是由于这样，壮壮的父母觉得自己和孩子的接触不够，感情也很生疏，所以才决定以后要和孩子多亲近一些，也就有了今天壮壮的妈妈来接孩子的一幕。妈妈哄着壮壮说："我知道壮壮想让婆婆来接，壮壮很想婆婆，对不对? 可是今天婆婆的脚扭了，不能来带壮壮了，我们先跟妈妈回家，快点见到婆婆，好吗?"

"不要，不要，婆婆脚没扭，早上是婆婆送我来的，我要婆婆。"

"那我们先给婆婆打个电话，问问婆婆的脚到底怎么样了，好吗?"

壮壮在妈妈说出"打电话"开始，嘴巴里就不停地答着"好，好"，同时，哭声停止了，情绪也慢慢地平静下来了。

妈妈带着壮壮打电话。壮壮对着电话说着，脸上阴转多云。在妈妈身边，壮壮脸上一点点有了笑容，"我要回家看婆婆!"妈妈这才如释重负。

案例分析

这个案例中，我们可以看出，壮壮产生消极情绪及情绪转变的原因，是由于婆婆没有来接自己。

从小，壮壮一直是婆婆养，连晚上睡觉都跟婆婆一起。在婆婆的长期呵护中，壮壮获得了牢固的亲情依恋，而妈妈与他的亲子关系则非常淡薄。从亲情这个角度来看，前面场景中妈妈的尴尬难堪是妈妈自己造成的，因为与孩子相处少、照顾不多，交流沟通缺乏，致使对孩子的亲和力远远弱于婆婆。

其实许多在成人眼里算不得什么的事情，在孩子幼小的心里往往是很大的压力，并成为他们消极情绪的源头。儿童心理学告诉我们，由于受生理、心理发展水平的制约，孩子一旦产生消极情绪，便难以自我排遣，往往需要借助外界力量才能得到较好的控制与调节。

而壮壮的妈妈用拥抱、抚摩等安抚动作以及温柔的认同的话语，及时安慰了壮壮，同时，妈妈站在孩子的角度，换位思考，感受孩子的感受，体验孩子的体验，采用角色对等的语言，如"我知道壮壮想让婆婆来接，壮壮很想婆婆"，来缓冲矛盾，从而使壮壮接纳了妈妈的解决问题的方法，妈妈的"认同"稳定了壮壮的情绪。

实际上，这个年龄阶段孩子的情绪情感发展，在很大程度上取决于父母，父母在这个阶段一定要当好孩子的"情绪教练"。家长一旦发现孩子有了情绪问题，一定要和孩子沟通，找出情绪产生的原因，而不是觉得小孩子闹点情绪正常，没事、不要紧。有的家长看到孩子发脾气，就大吼："哭什么？不准哭！"或者当孩子做了错事，家长特别喜欢做的一件事，就是要求孩子说："下次再也不敢了。"这些都对孩子的情绪管理很不好，会助长孩子的逆反心理。

最佳的对策便是转移他的注意力。比方说，吃饭时你把正在学步的宝宝放进他的高脚凳里，他可能会拗在那里，并挥动双手尖叫着。此时，你最好先让他下来，拿些有趣好玩的东西分散他的注意力。只要把他哄得团团转，让他忘记他不想坐在椅子里吃午餐这件事，之后，当你再把他放进高脚凳里，他很可能会乖乖合作。

专家指导

随着孩子年龄的增长，孩子啼哭的原因也变得复杂起来。他能感受到很广阔的世界和这个世界上的变化；他对你的动机有深刻的理解，很准确地理解出你对他的褒贬所表现出的神色；日常生活中的各种各样的事情，也会引起孩子的害怕。

孩子在得到自信的同时，也变得越来越敏感，更易感到害羞、怨恨、受挫、愤怒、嫉妒和敌视，这些都会给孩子带来烦恼，使得孩子大哭。因为孩子对世界了解得越多，就越能意识到周围的威胁，以及这些威胁可能给自己带来的影响。

教导这个岁数的宝宝时，必须注意一点，就是不要期待他去做讨你欢心的事。举一个例子，宝宝大都喜欢户外活动，喜欢自由自在地跑跑跳跳，去认识新鲜有趣的事物；此时，父母应该耐心地在一旁观看，不要催促他。如果不得不打断他，不妨在他面前来回地走，或设法吸引他的注意，他就会很快往你这边来。可是，宝宝很可能会抗拒父母的触摸或搂抱，不愿意接受父母的管束。因此，管教宝宝时最好先放松后收紧。

同时，家长还要尽可能为孩子"留面子"。不要生硬地命令他，例如要避免用"吃晚饭之前，你必须把所有的玩具捡起来"这类的说法，而应建议性地表达"现在让我们一起把这些玩具捡起来吧"。如果他不愿意，你也不必坚持催他答应，最好的办法是改变话题或离开现场，尽量避免以强制强的情况。当他不愿意，而你又执意要他服从命令时，最后的输家往往会是你。遇到这种争执不下的情况时，你不妨转移他的注意力。

举例来说，假如宝宝不喜欢穿衣服，无论他愿不愿意让你为他穿衣服，你都要避免和他发生激烈冲突。你可以把他摆到一个很高的地方，一边和他谈论未来将发生的事，一边很快地帮他把衣服穿好。

亲子游戏

游戏内容：教孩子掌握节奏。

游戏目标：调节孩子的情绪。

游戏道具：铃铛、木器、哑铃、三角铁等。

游戏步骤：

（1）向你的宝宝及他的朋友展示这些游戏道具，并让孩子们用这些简单的乐器组成一个"乐队"。

（2）作为指挥，家长可以用手指导宝宝，什么时候应该高亢一点，什么时候应该柔和一点等。

（3）当宝宝们正确理解后，挑选一个宝宝做指挥。

相关讨论：

（1）孩子在活动后是否有了愉悦的心情？

（2）孩子在愉悦的状态下是否能够掌握节奏、节拍？

贴心提示

宝宝4岁了，虽然聪明伶俐，什么事儿该做、什么事儿不该做他都很清楚，但有时却言行不一，无理取闹，大人没办法了就只能强迫他们服从，但是，有没有更好的办法来对付宝宝的无理取闹呢？

其实，这个阶段宝宝的可塑性很强，还没有形成稳定的情绪，所以行为具有反复性。即使有时候宝宝能够说清楚事情的前因后果，一副很明白的样子，但这个时期的孩子最大的特点就是说得到、做不到。

这时候，家长的教育和引导就显得十分重要，在这种情况下，家长要根据情况采取预防措施。例如，带着宝宝去逛商场，先跟宝宝一起列好一个购物清单，让孩子说出来自己想买的东西，并告诉孩子不能买清单以外的东西，否则今天就不带他去商场了，用这种方式杜绝宝宝的无理取闹。

其次，要对孩子的行为进行及时的评价。制作一张表格，一栏是聪明伶俐、懂事的宝宝，一栏是无理取闹的宝宝，如果孩子表现好了就要在聪明懂事的一栏画一个笑脸，表现不好就在无理取闹一栏画个哭脸。当"笑脸"积累到一定的程度，就要答应他的一个小要求，及时评价可以极大地促进孩子积极情绪的形成。

5岁儿童标准

标准内容

> 经常保持愉快的情绪。

5岁的孩子能够经常保持愉快的情绪。愉快的情绪是积极情绪的重要表现，孩子经常保持积极的情绪对孩子是有好处的，这可以让他们面对生活时更加有信心，对周围任何事都感到新鲜有趣，愿意去探究和钻研，容易与其他伙伴走在一起，并能够一起活动，建立一个比较稳定的友谊群体。愉快的心情给孩子带来快乐、满足和安全，孩子的行为也会表现得更加积极、自信。相反，不愉快的刺激令人不安、沮丧，行为上表现得消极、退缩。5岁孩子能够做到经常保持一种愉快的情绪去游戏和活动，使幼儿的身心能够健康发展。

典型案例

毛毛是个活泼开朗的孩子，微笑总是挂在脸上，小朋友都喜欢和她一起游戏。

一次下午放学后，班上的孩子陆续走了，只剩下毛毛一个人，等了一段时间，还不见毛毛的家人来接，老师就把毛毛交给值班老师，让毛毛等待家人来接。一直等到晚上六点钟，也不见人来接，值班老师赶紧联系毛毛的妈妈，妈妈接到电话也大吃一惊，赶紧来园接孩子。通过了解，老师才知道，因为奶奶跟妈妈闹矛盾后奶奶回老家了，妈妈不知道放学没人来接孩子。针对这种情况，老师和毛毛的妈妈进行了沟通，建议妈妈要给孩子营造一个和睦的家庭环境，要多跟孩子交流，多陪陪孩子，让孩子有安全感。

第二天，毛毛来到幼儿园时拉着妈妈的手哭着说："早点来接我。"在老师和妈妈的一再劝说下，她才和妈妈道别。毛毛回到座位上不作声，也不跟小朋友搭积木、看书、做游戏，课上总是心不在焉地想着什么，没有了往日的欢乐，很多次地哭着说："放学时没有人来接我。"有时就坐在位置上哭，嘴里还说个不停。

看到这情景，老师走过去对毛毛说："毛毛不哭，这会儿还没有放学呢，会有人接你的，老师还在这里，没人接老师送你回家。"老师不停地安慰，毛毛才平静下来。小朋友邀请她做游戏也参加；课上能听讲，但有时还不够专心；特别到放学时，毛毛显得焦虑，不时地张望，老师就把毛毛拉到身边，握着她的手，告诉她家里人就来了，不要着急。

毛毛在老师的陪伴下等到家人。老师表扬毛毛，放学等家人接的时候不哭了，是个有耐心的孩子。对于孩子的表现，老师再次跟妈妈进行了交流。妈妈说："平时孩子在家里，我们会让她投入到感兴趣的活动中去，以摆脱那种不愉快的情景。问一些她有什么好玩的事、和谁玩得最高兴、学会了哪些新本领之类的问题，以激起她愉快的情绪。"

经过家庭和幼儿园老师的共同努力，毛毛的情绪稳定了，不再随便哭了，又变得活泼了，又开始高高兴兴地上幼儿园了。

案例分析

在案例中，毛毛本是一个活泼开朗的孩子，但是，由于奶奶和妈妈闹了矛盾回了老家，导致在幼儿园放学后，家里迟迟没有人来接毛毛，这一下子引起了毛毛的焦虑和不安，毛毛异常的表现引起了老师的重视，老师了解到毛毛情绪变化的原因，及时加以应对，帮助孩子解除心结。老师跟毛毛交流，抚摸她，抱一抱她，尽量消除孩子内心的恐惧，同时也将毛毛近期异常的表现及时跟毛毛的妈妈进行沟通。最终在妈妈和老师的共同努力下，毛毛又回到了以前活泼开朗的状态。

家长要让孩子拥有更多愉快的情绪，就要和孩子多交流、多沟通，及时了解孩子的情绪变化，同时还要给孩子营造一个良好的外部氛围。父母是孩子的第一任老师，家庭是孩子的第一所学校，因此，家长有责任为孩子创设一个益于身心健康发展的和谐、幸福的家庭环境，使孩子在良好的环境熏陶下，学会做人。

家长要当好孩子的榜样。家长对他人的爱心言行，会潜移默化地影响孩子。如果家长既能用有声的爱心语言，如"老人家，我来帮帮你吧"，来强化孩子爱的意识，又能以充满爱心的表率行为导之以行，就能使孩子产生一种积极的仿效心理。

家长要给孩子创造实施爱心行动的机会。如引导孩子主动帮助左邻右舍干些力所能及的事；或在家长生日时，暗示孩子来表达对父母的爱，比如妈妈可以对孩子说，"后天是妈妈的生日了，我怎样才能感受到你也是非常爱妈妈的呢？"

而当孩子付出行动后，以微笑的表情、赞扬的语气及时地给予表扬，能激起孩子产生一种关爱他人后的愉快的心理体验，并会产生不断进取的强烈愿望，逐步形成把关爱他人当做乐趣的相对稳定的健康心理。

专家指导

英国著名教育学家斯宾塞曾说："家庭环境对于孩子的心智和才能的发挥至关重要。父母的教养态度如果比较热情，而非冷漠，孩子的智能就比较高。在温暖而充满爱的家庭中，父母能尊重和接纳孩子的问题，鼓励和赞美孩子的优良表现，不但可以帮助孩子发展健全的人格，还能激发其创意而使其变得更聪明。"

所以，我们要让孩子拥有积极、愉快的情绪，就一定要注意日常对孩子的态度。

在平时，家长要在家里为孩子营造一个轻松愉快的生活环境。其实，这种氛围传递给孩子的无疑是一种积极的、健康的、向上的精神。家长们要学会用美好的感觉、信心与目标去影响孩子。

孩子很容易受到家长的影响，如果他感受到了你的积极，他会慢慢获得一种美好的人生感觉，信心倍增，人生目标感也越来越强烈。紧接着，别的孩子就会被他吸引，因为人们总是喜欢跟积极乐观者在一起。他就会运用别的孩子的积极响应来发展积极的关系，同时帮助他人获得积极心态。这会使孩子对自己有良好的感觉，也学会友善地对待他人，这无疑会促使他们成长，使他们努力做到更好。

在做亲子沟通时，家长应掌握一些技巧，比如要把声音放低，低声"冷处理"往往比大声训斥的效果要好。沉默一段时间，让孩子反省自己的错误。使用暗示的方法，不直接批评，以保护孩子的自尊心。批评孩子要言简意赅，批评孩子要适时适度，处理孩子的错误不能拖延。要就事论事，与孩子沟通时不要东拉西扯。要选择适当的场合和时间，要在孩子处在兴奋点的时候和孩子做及时的沟通，这样孩子才更容易接受家长的观点。

亲子游戏

　　游戏内容：角色扮演，猜拳游戏。

　　游戏目标：训练孩子情绪的控制力。

　　游戏道具：彩笔、纸、硬纸板等。

　　游戏步骤：

　　（1）用彩笔、纸、硬纸板制作一个老虎头饰。

　　（2）通过"剪子、包袱、锤"决定胜负，胜者戴上头饰当老虎，其余人都扮聪明人，在老虎后面排成一排。

　　（3）"老虎"干什么，后面的聪明人都必须跟着做；"老虎"一回头，聪明人不管刚才做什么动作都必须停止，保持原动作不变。

　　（4）"老虎"可以在聪明人中间走动，看看这个、逗逗那个，若谁动了或笑了，"老虎"就"吃掉"他，游戏重新开始；若没有一个人动，"老虎"还可继续到前面做动作，再回头看聪明人。

第二部分 情绪情感

相关讨论：孩子能否在游戏中训练控制自己情绪的能力？

贴心提示

你的家里是否有一位小"暴君"？只要他提出的要求得不到满足，就会大哭大闹，摔摔打打，有时候父母批评他，他还大声地反击，和父母吵，大人都拿他没办法。

由于家长的溺爱，有的孩子稍不如意便大哭大闹，家长决不要让步或迁就，不然会助长孩子的脾气。最简单的办法是把他单独放在房间里，作短暂的隔离，冷落他一会儿，让他有时间冷静下来重新考虑下一步怎么办，即使在外面也一样。比如，把孩子暂时隔离，时间不要太长，大约6分钟后，再给孩子自由，隔离的地点并不是小黑屋之类的地方，而是家长看得见的地方，而且这个地方要没有电源插座、易碎尖锐的物品，确保孩子不会受到这些物品的伤害。

第一次隔离的效果可能并不明显，过一阵子，孩子会故伎重演，家长要反复几次，孩子就会感到自己发脾气、哭闹都毫无意义，得不到家长的注意，得不到自己想要的东西，慢慢地就不再乱发脾气了。家长还要及时地告诉孩子，随便发脾气的行为是没用的，采取发脾气的办法要挟父母满足自己的需求，是达不到目的的。要让孩子知道父母还是爱自己的，只是不爱自己的撒泼行为。这样既可以教育孩子今后不再乱闹，也可以避免孩子疏远父母的亲情。

6岁儿童标准

标准内容

> 经常保持愉快的情绪，积极乐观。

6岁的孩子已经对自己的情绪有了认识，知道不应该乱发脾气。遇到不开心的事儿，能够及时地调整过来。他们会经常保持一种愉快的情绪去做每一件事，不论是在家里还是在幼儿园，他都会保持比较良好稳定的状态，做事情也会非常有兴趣，不会感觉疲劳，随时保持愉快的情绪，积极乐观。

这个阶段的孩子产生了一种乐观向上的品质。在遇到麻烦时，孩子能够保持积极的态度处理事情，不会做出过激的行为。比如，在学校挨了欺负，会主动去找老师，成绩退步了，也不会灰心丧气，会更加努力，迎头赶上去。

典型案例

家住浙江宁波的子青今年6岁，和外公外婆一起生活。她的老家在安徽蒙城，爸爸患肺癌去世了，爷爷奶奶也不在了，妈妈在外打工，家里还有一个9岁的姐姐和5岁的弟弟。

子青的姐姐在老家念书，弟弟则由姑姑带着，子青平常就和外婆相依为命。时间长了，她就和外婆家附近的清洁工阿姨和擦鞋子的阿姨混得很熟，有时抢着"表现"一把，就会帮清洁工阿姨扫扫地，也当玩耍。子青非常乖，打扫完毕，就把工具放在一边，和墙角边的擦鞋阿姨打招呼，还拿根小木棍，帮她们清理鞋刷。小子青平常在家会帮外婆干活，还会做饭，烧菜。

虽然生活艰难，但小子青还是很乐观活泼，经常给邻居的叔叔阿姨们表演一段舞蹈，这是她自己跟着电视学的。有时候邻居看见小孩这么可爱，家境又不好，就会给她买好多好吃的，但是她每次都把这些好吃的带回家分给外婆。

子青上幼儿园很用功，认的字比其他小朋友都多，在幼儿园也非常活泼，在老师眼里，小子青完全没有因为双亲不在身边以及家庭的贫穷而感到自卑，而是每天非常乐观地看待身边的每一件事、每一个人。子青说，她喜欢读书，一定会好好读书，因为好好读书就可以考上大学，可以戴大红花。

案例分析

在上面的案例中，子青爸爸去世，妈妈不在身边，从小就和外婆相依为命，生活的困苦和失去爸爸的痛苦，并没有让子青对生活失去信心，虽然她只有6岁，却对未来充满了乐观和希望，她的乖巧和懂事，令我们每一个人动容。

为人父母，都希望自己的孩子健康快乐，但是，怎样才能有利于孩子成长，让孩子成为天性乐观、积极向上的孩子呢？

首先，这个阶段的孩子对什么都好奇，喜欢动动这、摸摸那。有的孩子喜欢玩泥巴、捏泥人，下雨了，孩子很高兴，在雨地里又蹦又跳，这时，我们做家长的该怎么办？家长们通常都会嫌脏，制止孩子玩泥巴，并会阻止孩子继续淋雨，怕孩子淋雨淋病了。但是，玩一玩泥巴、淋一点小雨，非但不会对孩子的身心有什么影响，而且这时候的孩子会非常开心，有利于孩子培养乐观积极的人生态度。

孩子到了一定的年龄，都喜欢从马路道沿上往下蹦，有的家长会觉得不安全而制止。其实，这个高度并不高，孩子走道沿，往下蹦，是在锻炼空间感知能力，这对孩子智力的发育有好处。

这些生活中的小事，都是家长容易忽略的地方。作为家长，要保护好孩子的天性，只要没有危险，在保证安全的前提下，就应大胆地放手，让孩子尽兴地玩。家长要根据孩子的发展水平选择难易适度的游戏，注意难度不要太大。例如，有一种游戏叫做"钓鱼"，是用磁铁相吸的原理锻炼孩子手眼协调的能力。先观察孩子能够钓着鱼的基数，然后鼓励孩子每次多钓出一两条鱼，或者渐渐加长鱼线的长度，让孩子耐心地对付晃动摇摆的鱼竿，可以让孩子对自己说："我一定能钓好多鱼。"自信和乐观便在与"鱼"的较量中建立了。

同时，父母还要尽可能地让孩子远离物质的奢华。物质生活的奢华会使孩子产生一种贪得无厌的心理，而对物质的追求往往又难以获得自我满足，这就是为何贪婪者大多并不快乐的根本原因。相反，那些像子青那样过着简单生活的孩子，往往只要得到一件玩具，就会玩得十分高兴。

如果家长看到孩子因遭遇困难而沮丧，父母往往要么代替孩子完成任务，要么完全迁就孩子放弃努力，有的父母则厉声批评孩子甚至体罚，这些极端行为都使孩子无法形成自信和乐观的心态。正确的做法是提供鼓励的话语和力所能及的技术支持，鼓励孩子坚持到底，让孩子体验经过努力克服困难带来的成就感。

专家指导

作为家长，对孩子适当的引导和教育是应该的，但是控制过严又可能压制儿童天真烂漫的童心，对孩子的心理健康产生消极作用。家长不妨让孩子在不同的年龄阶段拥有不同的选择权。只有从小能享受选择权的孩子，才能感到真正意义上的快乐和自在。

要培养孩子积极乐观的情绪，就应该让孩子多与人接触，多和其他的小伙伴们交往，让他感受到孩子之间内心世界的光明美好。父母要带孩子接触不同年龄、性别、性格、职业和社会地位的人，让他们学会和不同类型的人融洽相处。当然，孩子首先得学会跟父母和兄弟姐妹融洽相处，跟亲戚朋友融洽相处。此外，家长自己应与他人融洽相处，做到热情真诚待人，不势利卑下，不在背后随意议论别人，给孩子树立一个好榜样。孩子在牙牙学语之前就能感觉到周围的情绪和氛围，尽管当时他还不能用语言来表达。可以想见，一个充满了敌意甚至暴力的家庭，绝对培养不出开朗乐观的孩子。

同时，家长要让孩子知道，即便是天性乐观的人也不可能事事称心如意，也不可能"永远快乐"，父母最好在孩子很小时就着意培养他们应付困境、逆境的能力。要是孩子一时还无法摆脱困境，还可以教育孩子学会忍耐，或在逆境降临之时寻求另外的精神寄托，如参加运动、游戏、聊天等等。要让孩子拥有自信与快乐的性格，对事事都充满自卑的孩子，家长一定要发现其长处，并审时度势地多做表扬和鼓励。来自家长和亲友的正面肯定无疑有助于孩子克服自卑、树立自信。

亲子游戏

　　游戏内容：给宝宝讲"消气锦囊"的故事。

　　游戏目标：引导孩子正确表达自己的情绪。

游戏道具：笔、纸各一份，不同颜色的布袋 3 个。

游戏步骤：

（1）妈妈给宝宝讲"消气锦囊"的故事。

"一个小朋友因为某件事非常生气，他想把墙推倒，把花盆砸碎……这当然是不可以的，他越想越生气，结果身体像气球一样胀得越来越大，缩不回来了。这件事被神仙姐姐知道了，神仙姐姐送给他一个红色的'消气锦囊'，只要打开'消气锦囊'，人就会变得开心起来，而且，身体也恢复了原形。"

（2）妈妈可以问问宝宝："你知道'消气锦囊'里有什么吗?"让宝宝做出各种想象。

（3）和宝宝讨论，平时他有不高兴的事吗? 为什么不高兴? 生气的时候，他都做了些什么?

（4）妈妈给宝宝 3 个不同颜色的布袋，请宝宝画一副微笑的脸、一副生气的脸、一副哭泣的脸，并背着宝宝将三幅图分别放进 3 个布袋中，让宝宝猜一猜生气的脸在哪个布袋中，怎么才能让它开心起来。

相关讨论：孩子能否正确表达自己的情绪?

贴心提示

孩子胆子小，在幼儿园几乎不敢和老师讲话，更不用说上课主动举手发言了；家里养的宠物死了，孩子会非常伤心，很多天都脱离不了悲伤的心情。如果你的孩子有上述的问题，这就说明你的孩子是一位"悲观的宝宝"。

对于这样的孩子，在家庭中，爸爸妈妈要随时注意指导孩子自我排除心理障碍，学会自我调节情绪，使悲观情绪、不良情感或其他心理障碍及时得到化解，这样就不会导致他们悲观性格的形成。

比如，孩子有了苦闷，要让他尽量诉说，发泄其情绪，不要让他的委屈长期压在心头，更不要不问青红皂白地批评、斥责；还可以回避孩子敏

131

情绪情感

第三部分

感、忌讳的话题；或者转移孩子的思路，减轻其心理负担，如此等等。因为爸爸妈妈对待孩子的态度，往往是孩子乐观性格形成的重要因素。

如果家长能对孩子所做的每一件事都一一给予肯定，抱有持续的欣赏之情，我们得到的就是开朗、天真的好孩子。对孩子的行为给予承认，加以称赞，并和孩子一起分享其中的快乐，就会让孩子形成乐观的性格。

同时，要扩大孩子的交际面。悲观的孩子，往往拒绝外出，或者拒绝参加一些集体活动，因为他们总觉得自己在那样的场合会感到浑身不自在，感到紧张和尴尬。总待在家里，他们会因此失去许多获得改善的机会，家长要多带他们出去，与其他小朋友接触，鼓励他们上前去和其他小朋友一起玩耍，也许就是在偶然的一次活动中，孩子就会获得从未有过的美好体验，并从此变得乐观起来。

◆ 2. 衡量会适当表达和调节情绪的标准

在成长过程中，我们的孩子避免不了会出现某种消极的情绪。消极的情绪是孩子在做游戏或活动时，由于某一外部因素对自己继续进行这项活动产生了影响，从而出现了愤怒、紧张、焦虑、痛苦、恐惧或憎恨等的情绪。孩子在出现消极的情绪时应该学会适当地去表达情绪和调节自己的情绪，这样才有利于身心健康的发展。

4岁的孩子能够认识到自己当前的情绪，例如有的孩子长时间不见父母，会显现出紧张、恐慌的情绪，一见到家长，孩子就会跑过去，对家长说"我害怕"等。家长要懂得关心孩子，要时常陪在孩子身边，帮助孩子消除这种消极情绪。

5岁的孩子在不高兴时，会在成人的帮助下慢慢恢复到开心的状态，例如在游戏中不小心受了伤，有的孩子会因疼痛而哭泣，在家长的耐心劝导和关心下，孩子会渐渐恢复平静，不一会儿就又开始活蹦乱跳，和其他小朋友玩在一起了。

6岁的孩子不仅能够说出自己当前的情绪，还对消极情绪有了一定的认识，例如，这时的孩子知道乱发脾气是不对的，当感到生气的时候，会尽量克制自己，调节自己的情绪。所以，这个阶段的孩子出现了消极情绪，家长应该教孩子很快调整过来。另一方面，还要教孩子能在游戏过后，较快转入到安静状态，例如有的孩子在活动中兴奋过了头，在幼儿园开始上课或者需要完成作业的时候，总也静不下来，脑子里还是那些活动中的画面，家长要引导孩子尽量从兴奋状态中平静下来，投入到学习当中。

4 岁 儿 童 标 准

标准内容

> 能说出自己当前的情绪，如高兴、生气、害怕等；

> 在提醒下，能从追跑、喊叫等兴奋状态中平静下来。

　　4岁的孩子由于自我意识有了一定的发展，能够认识到自己的情绪状态，能说出自己当前的情绪，如高兴、生气、害怕等。孩子跟同伴开心地玩游戏时，他可以跟成人说他很高兴；在游戏时跟其他同伴发生冲突时，他会说他很生气，这些情绪体验孩子都能感受到，也能够说出来，能让成人了解到孩子当前的心理状态，并根据其心理状态进行有效的引导。

　　4岁的孩子在成人的提醒下，能够从追逐、打闹、喊叫等兴奋状态中平静下来。孩子兴奋是由于受到了外界强烈的刺激后而产生情绪反应，在游戏中常会出现追跑、喊叫等种种兴奋的行为，而4岁的孩子是可以在成人的提醒下，慢慢地从兴奋状态恢复平静的。

典型案例

　　黄冬的妈妈有一次出差回来，发现黄冬变了，平时在家里连爸爸都不愿叫，爸爸一下班，他就锁上自己小房间的门，同时，黄冬好像对妈妈也有意见，不管妈妈对黄冬说什么，黄冬都是爱答不理的。后来，有一次姥姥来到家里，黄冬妈妈才知道事情的原委：原来，在妈妈出差时，因为他在幼儿园跟别的小朋友打架，对方妈妈还打电话给黄冬爸爸告状。爸爸接完电话，气不打一处来，严厉地批评了黄冬，其实，那天是小朋友先动手打黄冬的。但是，黄冬却没有把这些事情告诉爸爸，而他爸爸却整日着迷地看着电视上转播的球赛，没有及时地了解情况。孩子极端地无助和痛苦，却无人可以诉说，平时姥姥对他最好，见到了姥姥，黄冬才说出了事情的原委。

案例分析

在这个案例中，黄冬没有及时地向爸爸表达自己的情绪，而黄冬的爸爸也采取了错误的教育方式，不分青红皂白就责骂了黄冬一顿，使得黄冬产生了逆反心理，对与父母之间的交流总是闪躲和逃避，孩子看见了平时亲近的姥姥，才说出了事情的原委。

在大人面前，孩子是弱者，如果做父母的不给孩子表达内心情绪的机会，孩子只有独自忍受各种痛苦；为了逃避父母的打骂、斥责，只有求助于他人。若孩子没有及时得到帮助和关爱，则有可能发生各种问题或出现极端行为，如离家出走、遭遇意外等。因此，父母的一个重要任务是，要教会孩子正确地表达自己的情绪。那么，父母如何教会孩子正确地表达自己的情绪呢？

首先，要多与孩子交流，了解孩子内心世界的细微变化。每天下班后，不管有多累，父母都要与孩子聊天 10～20 分钟，为了避免拘束，可采用散步、共同游戏，或是在睡前陪伴孩子一会儿，营造一种轻松温馨的气氛，使孩子愿意说出想说的话。

其次，亲子间情感的交流是相互的，父母也应该将自己的喜怒哀乐告诉孩子，使他学会关注别人的内心，学会分享别人的快乐，分担父母的忧愁和烦恼。鼓励与肯定孩子对不同情绪的表达，尤其是对不好的情绪，也要表示理解和尊重；还应教孩子通过正确的方式宣泄负面情绪，如通过文体活动、通过走向自然环境的宣泄等，达到缓解紧张焦虑的目的。

同时，家长要培养孩子对艺术的爱好，使他的负面情绪得到缓解和转移。引导孩子学会专注地欣赏艺术作品，增强艺术修养，可提高一个人的品味，使孩子学会用音乐、绘画、表演等方式来表达自己的内心。

专家指导

孩子对自我情绪的认知，主要分三个阶段。第一个阶段是概念期。家长在这一阶段要首先让孩子学会识别不同的情绪，家长需要将快乐、悲伤、愤怒、恐惧等表达情绪的词汇通过多种方式传递给幼儿，例如画一些分别表示喜怒哀乐的表情图，让孩子看表情图认识情绪，并模仿表情图，认识不同表情下代表的情绪。当孩子出现某种情绪时，能够让他们做出相应的表情，这样就能够让孩子及时地认识到自己当前的情绪。

第二阶段是认可阶段。在孩子能识别出自己的情绪以后，孩子就会有意识压制自己的消极情绪。但是不管是积极情绪还是消极情绪，都是人所必备的情感元素。所以，不管是积极的情绪还是消极的情绪，家长都要教会孩子认可和接受它。因此，在孩子有了识别情绪的能力的同时，还要将情绪没有对错之分的信息传递给孩子。例如，家长要教育孩子：哭不是不乖的孩子，我们每个人在伤心时都会哭的。这样逐渐让孩子能接受和认可自己的所有情绪。

第三阶段是认识关系阶段。当孩子识别并认可了自己的情绪以后，家长就要引导孩子认识情绪与行为之间的关系。例如，当生气时，有的孩子会伤害别人来发泄怒气；有的孩子会用自责的方式来埋怨自己；有的会用毁坏物品的方式来处理……出现以上情况，家长要及时引导孩子来认识情绪与行为之间的关系，虽然情绪没有对错之分，但是表达情绪的方式和行为是需要我们有所选择的，我们可以用既让自己放松、舒服又不伤害他人的方式和行为来处理自己的情绪。

亲子游戏

游戏内容：学习粘贴脸谱。

游戏目标：帮助幼儿认识两种基本情感："高兴""难过"。

游戏道具：笑娃娃、哭娃娃的脸谱图片，（眼、嘴）的图片，画好头的纸，水彩笔，胶水。

游戏步骤：

（1）观察笑娃娃、哭娃娃的图片，说说哪个娃娃高兴、哪个娃娃难过。

（2）请幼儿将眼、嘴贴在画好头的纸上。

（3）鼓励幼儿讲出自己拼的是表达什么感情的脸谱。

（4）让幼儿用水彩笔进一步装饰脸谱图。

（5）让幼儿辨认哪些是高兴的，哪些是难过的。

相关讨论：

（1）孩子是否能够认识"高兴""难过"两种情绪的相对应的脸谱？

（2）孩子是否能通过脸谱对基本的几种情绪有所认识？

贴心提示

生活中，孩子对家长有了抵触情绪，不听话，家长说什么他都不听，这种现象让很多家长苦恼不已。的确，孩子 4 岁时，正处于一个特殊的心理年龄阶段，其心理特点是不平衡、不安定、不调和。他们情绪不稳，脾气暴躁，常以哭闹等表现自己的不安；他们精力旺盛，行为粗野，喜欢戏剧性表演、做模仿性游戏。

同时，这时期的孩子对其他人的态度也是小暴徒式的，最喜欢拒绝别人的要求，和别人对抗。不同孩子心理年龄特征的表现程度会有不同。

针对这种情况，父母可以采取一些措施"对症下药"。首先要增进亲子之间的感情。多抽时间陪伴孩子，和孩子交流亲子之情、父母之爱，孩子在生活的点滴中会感受到的，在健康的亲情感召下，孩子的心理发育才不会偏离正常的轨道。强化教导不要为了增进亲子间的感情而不敢管教孩子，任何放任都只会纵容孩子的不良品行，让他更加无所顾忌。

其次，面对孩子的无理取闹，父母应直接制订规矩，让规矩伴随孩子度过心理发展的不平衡期。孩子胡闹时，可以告诉孩子胡闹的后果，如摔坏了玩具的直接后果是没玩具可玩，或者父母不予理睬。这样孩子感到没趣后反倒会平静下来。生活中父母往往在孩子还没有体验到自己行为所带来的不良后果之前，自己先沉不住气，于是孩子失掉了"学习"该怎样正确做的机会。

第三部分 情绪情感

4岁的孩子正是一个让人烦的年龄，这其中有许多情况需要父母坦然相对。父母要耐心读懂孩子的心，学会置身孩子的立场，正确看待他的成长变化。这样在管教孩子时就会多一些成功，少一些失误。

5岁儿童标准

标准内容

> 能主动向成人或同伴说出自己的情绪；

> 不高兴时，在成人的帮助下能较快平静下来；

> 能从追跑、喊叫等兴奋状态中较快地平静下来。

随着孩子思维能力的发展，5岁的孩子开始能够主动地向成人和伙伴说出自己的情绪，说出自己当前是什么感受，是高兴、愉快、伤心还是难过。这个时期的孩子喜怒哀乐完全表露于外，家长要培养孩子在遇到困难时用语言解决问题，正确认识悲、喜、怒、恐惧等面部表情，体谅他人的情绪和情绪产生的原因。这个阶段孩子产生消极情绪的原因大多数与生理习惯有关系，如不愿意上厕所或不愿意吃饭、洗脸、睡觉等；其次才是不被父母重视、不愿与人分享东西等社会性原因。

这个阶段的孩子，还懂得在不高兴时，听从家长的话，在家长的帮助下能较快平静下来。孩子的平静从一个角度说是行为和状态的平静，从另一个角度看是心理的平静，孩子的不高兴是一种心理体验外露的表现，因此在幼儿不高兴时，成人要引导、沟通、安抚幼儿从一种外部的行为、动作的平静转化为心理上的平静状态。比如，有的孩子早上不愿意去幼儿园，大哭大闹，但是在家长耐心的说服下，他很快会停止哭泣，背起书包，跟着妈妈去幼儿园。

同时，5岁的孩子可以不需要成人的提醒和帮助，在游戏时有追跑和喊叫行为后，会在一定时间内很快地恢复平静。例如孩子在外面踢足球，玩得满头大汗，但是只要吃饭时间一到，就会立即跑回家，在洗完手洗完脸后，安静地等待开饭。这表明孩子自我调节和调控能力在不断地提高，孩子能够根据自身的状态经常地调整自己的情绪状态，它是幼儿认知能力、思维能力的进一步发展。

典型案例

　　点点由于爸爸妈妈工作的关系，来到了一个陌生的城市和一所陌生的幼儿园，虽然在以前住的城市里，点点很早就入园了，可是乍逢这么大的变化，点点还是有点接受不了。每次来园的时候，点点都哭哭啼啼地抱着妈妈不放；妈妈下班来接他的时候，他总是一下子扑到妈妈怀里，一副伤心委屈的样子。

　　原来，来到新的环境里，点点遇到了一位很不讲理的小朋友——明明。每次点点想要玩幼儿园的玩具，还没有走到跟前，玩具就被明明拿走了。点点好生气，他大哭大闹，吵着要汽车，无论老师怎么安慰都没用。

　　渐渐地，点点似乎习惯了和妈妈的分离，以及新幼儿园的环境，情绪也稳定住了，有一次，点点正在兴致勃勃地搭积木，可转眼间他就不高兴了，因为积木才搭了四块就倒了。老师看见了就过来安慰他，很快点点又笑了，他高兴地看起了身边的一本连环画。

老师教你搭积木，好不好？

第二部分　情绪情感

由于还没掌握堆积木的窍门，点点还是不能堆起高高的积木，每次总是没有堆几块就倒了。点点接受了老师的指导，才学会了堆积木的技巧。

有一次跑步的时候，小伙伴丁丁不小心撞了点点，点点还没有弄清怎么回事，就打了丁丁一下，于是两人闹翻了，整整一天，他们都互不搭理。第二天，点点忍不住了，他主动找丁丁搭话，两个小伙伴便和好如初了。

案例分析

在这个案例中，点点的情绪发展经历了一个这样的过程：从最开始进入新环境，对周围事物的陌生使得点点的情绪极不稳定，容易发脾气、爱哭、爱闹，随着时间的推移，点点逐渐熟悉了环境，情绪也开始变得越来越稳定。在不高兴时，能够接受老师的帮助，并能在老师的帮助下很快平静下来，而且能够在和小朋友发生冲突后不久，就主动找小朋友搭话，点点从一个不能控制自己情绪的孩子，变成了一个能够适当调节自我情绪的孩子，这些都是他情绪情感日益成长的表现。

要培养孩子调节自我情绪的能力，家长首先要帮助孩子建立安全感。比如，上幼儿园意味着和父母分离，这对年幼的孩子来说是一件非常痛苦的事情。父母要帮助孩子逐渐适应幼儿园，注意尽可能多地与孩子交流，要清楚地告诉孩子，爸爸妈妈是爱他的，以帮助孩子建立安全感。

此外，要多关心孩子，孩子出现消极的状态时，要问明孩子产生负面情绪的原因——孩子的每一次吵闹都是有原因的。如不愿意吃饭、洗脸和睡觉，不被父母重视，不愿与人分享东西等。父母不能简单地把孩子发脾气都看成是无理取闹，一定要弄清楚原因，帮助孩子一起克服困难。允许孩子自由抒发情感：父母要允许孩子自由表达自己的情绪感受。只有消极的情绪被宣泄出来了，才会产生积极的情绪。

这个年龄段的孩子十分容易激动，常常是越哭越兴奋。这个时候，父母可以拿毛巾给他擦去泪水，拥抱他，等孩子完全冷静下来，再对他进行说理教育。要懂得在孩子情绪不稳定的时候回应孩子，要主动启发孩子说出心中的感受。如当孩子很伤心的时候，父母可以这样安慰："你感到很伤心，是吗？说出来让我听听。"这样，孩子不仅能得到父母的理解，而且学会了如何辨认自己的各种情绪，并用语言来形容这种感受。

专家指导

孩子生气时候的表现是大同小异的，他们对自己的脾气失去控制，也不能像平常一样正常思考，对一些孩子来说，咬咬大拇指，抚摸一阵毛毯，或者坐在妈妈的膝上听一个故事就能平静下来，而家长的目的是教孩子学会镇静下来的办法。

（1）抱紧孩子。许多家长都知道把孩子包在襁褓里能使大哭的婴儿平静下来，这个原则也适用于大一些的孩子，比如，当孩子摔了一跤，擦破了皮的时候，他的安全感被粉碎了，因此他可能大哭大叫，你可以把他抱起来，轻轻地摇他直到他的肩膀松弛下来，这样，他的安全感会慢慢回来。

（2）让他用小拳头发泄。如果孩子发怒要砸东西，给他一个枕头让他打个够，或者给他一个塑料锤子，让他砸到他会用语言表达他的愤怒为止。

你有不开心的事儿，就拿它发泄吧！

（3）家长保持平静。当孩子发脾气的时候，最要紧的是家长不能发脾

第三部分 情绪情感

气。孩子常常会情感用事，有时家长实在受不了了，就告诉他你需要离开房间静一会儿，你会发现，孩子已经到了能够宽慰自己的年龄，所以要告诉他感到悲伤或愤怒是正常的，然后让他的愤怒慢慢地消失。

（4）转移注意力。转移他的视线，给他一些新的探索的东西，比如带他到公园，听着园中的鸟叫声，孩子就会完全忘记几分钟前使自己大发脾气的事。

亲子游戏

游戏内容：教孩子画出人们不同的表情。（笑、哭、生气等）。

游戏目标：让孩子观察人们的面部表情并体会他人的心情。

游戏道具：图画纸、笔。

游戏步骤：

（1）让孩子说出人们的脸上有些什么表情，并做出来看一下。

（2）让孩子通过观察画出不同的表情来。

（3）让孩子说说自己画上的表情是什么。

（4）问问孩子，当人们脸上出现不同的表情时，心里会有什么感受。

相关讨论：孩子是否能够细心观察他人的表情，能发现并了解人们的心情？

贴心提示

和父母分离时所表现出来的不安情绪和行为，在儿童心理学当中叫做"分离焦虑症"。它是儿童时期较常见的一种情绪障碍，例如：在与父母分离的那一刻，孩子会表现出来紧紧抱着父母不放、害怕、非常爱哭；而较大的孩子，则会有惧怕的表情出现、情绪非常不稳定、又叫又跳的、耍赖、哭、躺在地上不起来等等。

从小，孩子就将父母视作自己安全的港湾，所有的事情都依靠父母来完成，所以在父母离开时便会产生这种分离焦虑。从小培养孩子的独立意识，降低亲子依恋的程度，是家长首先要考虑的事情。在生活中要适当地放手，让孩子做自己能做的事，使其感受到成就感，知道自己能独立完成，自己是可以的。

其次，要让孩子不产生焦虑，适应父母不在场的环境，就要让孩子建立新的依恋关系。例如，对于新加入幼儿园的孩子，家长平时要对孩子多夸奖老师的和气、漂亮；告诉孩子老师会讲很多故事，会唱歌，会带孩子做游戏等。孩子回到家里，爸妈要问一问宝宝在幼儿园是怎么玩的，不要带任何的暗示，就让宝宝凭自己的理解和表达叙述出来，爸妈再以很夸张和惊讶的表情说：幼儿园这么好玩，有那么多小朋友和玩具，还有老师爱你们、和你们做游戏，妈妈都想上幼儿园了。这样就可以激发宝宝上幼儿园的兴趣，逐渐摆脱焦虑。

6岁儿童标准

标准内容

> 能说出引起自己某种情绪如高兴、失望的原因；

> 表达情绪的方式比较适度，如不乱发脾气；

> 出现消极情绪时能较快缓解；

> 能从兴奋的活动如运动、游戏中较快地转入安静的活动，如读书、小组讨论。

4~5岁的孩子能够说出自己当前的情绪是高兴还是伤心，但是还不能解释有这种情绪的原因；到了6岁，孩子的认知能力继续发展，不但能说出自己的各种情绪，还能说出引起自己某种情绪如高兴、失望的原因。比如，孩子做了噩梦，在夜晚惊醒，哭着找到妈妈，妈妈问他怎么了，孩子会说："我做了一个梦，梦见……"

6岁的孩子不仅懂得如何去表达自己的情绪，并且能够控制或调节自己的情绪，当孩子有情绪需要表露或发泄时，他可以选择用某一种适当的、不过激的方式去发泄情绪。在活动或游戏时常会出现消极的情绪，但是孩子能够调节自己的情绪，控制自己的消极情绪，使自己能够很快地从消极情绪中缓解出来，慢慢地恢复平静。比如，在不高兴时，孩子不会再大哭大叫，而是把自己一个人关在房间里生闷气。过一阵后，孩子就能恢复正常，变得活泼起来。

又比如，在活动或游戏中，孩子都会非常兴奋，这是由于开心的、愉快的情绪体验占据在脑中，总是挥之不去，当活动结束后，幼儿也能够立刻平静下来而转入其他的较安静的活动中去，如室内的读书活动、一些科学小实验等。

典型案例

小凯又在幼儿园惹祸了。上午小朋友在活动区玩的时候，小凯玩得兴奋过了头，他把小朋友的鞋藏了起来，看着小朋友找不到鞋子，着急哭泣的样子，他却哈哈大笑。到了画画的时间，别人都安静地在课桌上画画，只有小凯无法安静下来，总是招三惹四。他先碰了一个平时很老实的女孩子的头，然后又用水彩笔在人家身上画。女孩子倒没有哭，也没有闹，只是平静地对老师说："他把我的衣服弄脏了。"

下午，幼儿园里一位新来的老师带班教课，他却无厘头地跟老师说："老师，我一万年喜欢你，一万年听你话！"这句话惹得旁边的孩子都哈哈大笑，班里一时炸了窝，老师被弄得哭笑不得。过了一会儿，班主任老师把小凯叫了过去，问他上午的事，小凯却若无其事地说："我不知道啊！"然后，就人来疯似的又跑又闹，老师拽都拽不住。上课的时候，老师问他刚才为什么不打一声招呼就跑了，说这样老师会担心的，他却说："我忘了。"老师正讲着课，小凯却突然从座位上站起来对老师说："我想上厕所。"接着就大笑着跑出教室。

小凯就是这样，每天都像是高兴过了头，情绪很不稳定，经常在学校惹事。

案例分析

在这个案例中，小凯在活动中因为兴奋过了头，干出了很多不着边际的事：藏同学的鞋子，碰同学的头，用水彩笔在同学衣服上画等。直到那天下午，小凯依旧沉浸在游戏带给自己的喜悦之中，老师找他问话，他也完全不上心，甚至老师上着课，小凯也会突然找借口奔出教室去继续玩耍。

活泼好动本是孩子的天性，但是，每天都处在高度的兴奋状态，容易使孩子产生浮躁和急躁的性格，爱玩没有错，但浮躁好动却是不良性格，对孩子的心理健康、良好性格、行为习惯的形成都具有消极影响。

孩子浮躁有时只是偶然因素造成的暂时态度，例如对活动太过投入，造成活动后孩子一时难以心静，大脑还处在游戏的兴奋当中，这时孩子的心理调节水平和自我控制能力虽然有了明显的进步，但是兴奋度过高，孩子的调节能力又毕竟有限，因此这时的孩子常会出现好动、不消停的现象。

过度放任是导致孩子浮躁好动的主要原因。有的年轻父母比较崇尚自由，对自己的孩子也疏于管理，渐渐形成了放手教育，只要孩子高兴就好，平时愿意去哪玩就去哪玩，愿意玩多久就玩多久，爱玩是孩子的天性，父母不能抹杀这种天性啊！

的确，玩耍确实是孩子的天性，但是无节制的玩耍所导致的结果就是孩子长期放纵散漫惯了，变得浮躁，注意力无法在一件事情上集中。父母要想在不影响孩子天性的前提下，让孩子懂得调节自己的情绪，能够让自己在该玩的时候尽情地玩，该学的时候认真安静地学，收放自如，就要合理地管控孩子的游戏时间和游戏内容，多教孩子一些诸如下棋、绘画这种需要耐心和注意力集中的游戏，让孩子能够静下心来思考，这样对孩子的情绪调节能力和思考能力的发展都是有利的。

专家指导

作为家长，一定要注意和关心过度兴奋的孩子。事实上，许多有多动症倾向的孩子往往都与兴奋过度和无节制的游戏有关。对家长来说，关键是要重新审视教育孩子的办法，应该在家里为他营造一种温馨、信任的环境，以便对孩子进行行为动作方面的治疗。

家长首先要做的，是改变孩子生活的环境，消除过度刺激的来源和使孩子分心的事物。在家里，要使他的卧室整洁，把额外的玩具和书籍放在他看不到的地方。

安排好孩子每一天的活动也非常重要，一个科学的时间表能使孩子减少很多不必要的活动，也能避免孩子接受过度的外界刺激。当孩子不知道今天的行程时，他就会感到好奇和兴奋。如果可能的话，应该让他知道，今天妈妈要带他在什么时间、去什么地方玩，在做任何事之前，都应该把要做的事和他讲清楚，这样也能帮助他把注意力集中在重要的任务上。此外，不要看到孩子高兴，而给孩子安排额外的活动，因为孩子毕竟精力有限，如果让他过度活动和游戏，那么高度的兴奋状态就会损害他的神经，这样很容易引起狂躁、多动等疾病。

上午去游乐场，
下午去玩具城，
晚上7点前回家。

更重要的是，家长要做孩子的朋友，要多了解他的心理活动。孩子想到的事情，家长应该首先想到，一切要从爱出发。这样长此以往，孩子就会主动向父母交心，会把他埋藏已久的心里话都说出来。久而久之，你们成为知心朋友，当然他也就愿意听你的话，那么，你叫他干什么，他就会干什么，你叫他安静，他就会安静。

亲子游戏

游戏内容：教孩子识别不同形状的图形。

游戏目标：培养宝宝的耐心和观察力。

游戏道具：不同形状的图形和不同颜色的笔。

游戏步骤：

（1）准备好由三角形、正方形、长方形、圆形、五角形等排列组成的图形和几支笔（红、黄、蓝、绿）。

（2）先将纸裁剪成正方形，对角折成三角形，再将两边的锐角向上反折成狗耳朵，用笔划上眼、鼻、口，即成狗头。

（3）让宝宝先找出三角形，用蓝笔圈出来。

（4）依此类推，直至每一种图形都被准确地找出来。

相关讨论：孩子是否能耐心地完成游戏，并正确识别出各种形状的图形？

贴心提示

家长在引导浮躁好动的孩子时，应该运用以下几种策略：

首先，要培养孩子养成先想后做的习惯。如果孩子平时在家养成先想后做、有条不紊的好习惯，就不会出现焦躁好动的毛病，因为孩子心里早就盘算好了，几点踢足球，几点回家吃饭，几点该做作业了。这些步骤，由于在孩子的脑中都有了计划，所以孩子就不会出现由于兴奋过度而把事情搞砸的现象。在平时，家长要培养孩子这种逻辑思维能力，比如，孩子在画画时，家长要先问问孩子：你想画什么？你想怎么画？需要哪些画笔？打算先画什么、后画什么等。画完之后，还要再问问孩子：你把想画的都画完了吗？这里再画上一些花草怎么样，一定会更好看！

最初在做这些的时候，孩子可能说不清楚，也可能说得丢三落四，家长就要多提醒，让孩子形成习惯就好了。

其次，要注意科学掌握活动时间。有的家长认为孩子本来就好动，矫正孩子浮躁的办法就是限制孩子的活动，让他练习静坐。实际上孩子好动、多动，不等于就是活动时间过长了，有时候孩子的游戏在中途中断，孩子的兴奋没有合理地宣泄，也会造成孩子浮躁多动的现象。所以，家长不要限制孩子的活动，而是让孩子定时定量做一些活动，比如踢球、抛接球、羽毛球、游泳等，如果在拍球的时候，要求让孩子数数，但不能出声音，就更能锻炼孩子集中注意力，培养孩子的认真态度。

◆ 3. 衡量社会情感的标准

社会情感一方面是指孩子在与成人接触的过程中所产生的情绪体验，

是孩子情绪社会化的过程；另一个方面是指孩子的高级情感包括道德感、美感和理智感等。

孩子随着年龄的增长，情感逐渐稳定，情感生活逐渐"社会化"，稳定性提高，境遇性逐渐减少，从外露到内隐。尽管同一年龄段的幼儿社会性情感水平不同，概括地讲，有的幼儿社会性情感趋向积极，有的趋向消极。

幼儿积极的社会性情感表现是，能够爱自己的父母，喜欢自己所在的集体，爱家乡、爱祖国等。

孩子具有社会化的情感，突出的表现就在于能够体会"家"的快乐，了解父母的辛苦与爱，并能简单回报父母的爱，如父母下班后，给父母倒水，吃饭时给父母盛饭等。孩子能够尊敬老人，热爱父母，学习用行动表达对父母的热爱。同时，孩子能够在幼儿园懂得做事情要靠集体的合作。家长对孩子社会情感的教育，归根结底是让孩子知道怎样接受爱，怎样表达爱。

4 岁的孩子懂得爱他的父母和亲人，会在有的场合大声地说："我爱爸爸！我爱妈妈！"受到爸爸妈妈表扬时，孩子会表现得很愉快，受到批评时，会感到很难过。

5 岁的孩子，能够喜欢自己所在的集体，在幼儿园喜欢和老师在一起，喜欢和小朋友一起玩耍，对父母和老师怀有感恩之情。同时，孩子表现出了一些社会化的特征，例如他们会在老师和家长的教育下懂得尊重国旗、国徽，电视上升国旗、奏国歌的时候，孩子都会表现得神情肃穆。

6 岁的孩子社会情感继续发展，懂得帮助集体争得荣誉，如参加幼儿园以班为单位的比赛时，会有争第一的好胜心，会为集体的荣誉感到高兴和自豪。同时，还能关爱和帮助别人，并懂得对帮助自己的人感恩。懂得应该爱家乡、爱祖国的道理，会为自己是中国人而感到自豪。

孩子的社会化情感教育是一个大课题，我们只有把它细化为一个一个小的课题，才能一步步让孩子理解并接受。要让孩子爱家人、爱社会，首先要让他懂得爱自己，爱身边的每一个人。通过家长的努力，能让孩子从小树立正确的价值观，为发展良好的社会性打下牢固的基础。

4岁儿童标准

标准内容

> 受表扬时感到愉快，受批评时感到难过；

> 爱父母亲人。

4岁的孩子，由于自我意识和语言能力的增强，已经可以表达自己。有时候即使说不出来，但是从表情中也可以看出孩子是高兴还是难过。这点在大人夸奖他们时，表现得特别明显。4岁的孩子在受到家长和老师的表扬时，会显得非常高兴，眉开眼笑。但是，这时期的孩子也能隐约地感受到大人对自己的期许，如果受到了批评，他们也会显得很难过，会低下头，甚至会伤心地大哭一场。

4岁的孩子能够通过表情和简单的语言表现出他们对父母亲人的热爱。许多家长都说现在的孩子很冷漠，其实孩子就像一面镜子，他们的做法其实都是模仿了家长的，而孩子的表现就是对家长教育的回应。孩子固然需要家长的爱护和疼爱，但更多的是需要家长引导他们，因为孩子的成长需要与这个社会相融合，需要能够主动来感悟和认识这个社会。

比如，晚饭后，妈妈在厨房里洗碗，孩子凑过去说："妈，我来帮你洗!"妈妈摆手说："你还小，去一边玩吧。"晚上，爸爸在客厅看电视，儿子从屋子里跑出来，高兴地沏好一杯清茶端给爸爸："爸，喝茶! 新茶，特别香!"爸爸严厉地斥责道："谁要你倒茶了，我自己不会倒啊? 被水烫了怎么办?"可想而知，儿子此时有多么委屈，只好沮丧地回到自己的屋子玩积木，此后再也没给母亲洗过碗、给父亲倒过茶。所以，4岁的孩子要懂得什么是爱，还需要父母正确地指导。

　　一次，小杰早上一直没有到幼儿园，老师正着急的时候，只见小杰的奶奶领着小杰来到了学校。原来，前一天晚上，老师布置每人带一把剪刀来学校，要让孩子练习剪纸，但是小杰的剪刀丢了，放学后没有去买，只等着爸爸回来后给他买，可爸爸那天正巧加班，回来已经很晚，没办法买，结果今天一早，小杰在家又哭又闹，怨爸爸为什么回来这么晚，不给自己买剪刀，爸爸百般赔不是，他就是不听，正好奶奶说要出去买菜，顺便可以把剪刀买回来。剪刀买回来之后，小杰才答应上学。知道这一情况后，老师没有马上批评他，而是针对这一情况给孩子讲了一堂课——《关心体贴父母》。

　　老师先让大家思考自己的父母是做什么工作的，这种行业对社会有哪些贡献，如果没有这种行业，我们的社会将会怎样。老师说："家长每天既要上班，又要照顾家里，非常辛苦，我们应该关心家长。"

　　老师接着说："你们是否知道父母的生日？还记得你过生日时，你的父母是怎么做的？"小朋友们讲了许多父母关心自己的事。接着老师又追问："父母对你的关心是不是只有过生日那天？"小朋友们都异口同声地

第二部分

情绪情感

说："不是。"这时，老师说："父母为了你们，可以挨冻，可以淋雨，可以不睡；为了你们，他们会付出他们的一切，你们也要用爱来回报父母，懂得关心、爱护自己的父母，知道吗？"小朋友们都齐声说"好"，小杰也渐渐明白了，不应该为了一把剪刀向爸爸发脾气、耍赖，应该爱自己的父母家人，多体谅他们。

案例分析

在这个案例中，小杰在最开始为了一把剪刀，而和加班回来本来就已经很辛苦的爸爸哭闹，一直等爸爸答应买了剪刀送去，小杰才到幼儿园，老师知道这种情况后，给孩子上了一堂非常生动的情感课，让孩子懂得，父母有多么爱他们，而他们也要用爱来回报父母的道理。

现实中，父母要培养自己的孩子学会关爱自己的亲人朋友，就要首先让他们知道自己的辛苦。让他们了解父母既要努力工作，抚养自己，又要料理家务，为孩子的健康而日夜操劳，是多么不容易，使孩子懂得关心体贴父母。

父母要告诉孩子，父母是做什么工作的，这种行业对别人有哪些帮助；如果没有这种行业将会怎样。以此来增强孩子对父母所从事的行业的重要性的认识。

其次，可以在周末或节假日，带孩子去自己工作的地方看看，让孩子知道自己的父母是在怎样一种环境下工作的。孩子对父母有了更深层次的了解后，就产生了一种非常自然的感情，父母要帮孩子将这种情感转化为行为，而且转化为永久的行为延续下去。这就是家长对孩子的社会情感教育所要达到的重要目标之一。

亲子关系是孩子情感成长中的重要因素。亲子关系的质量不仅决定着一个家庭的幸福质量，更是孩子健康快乐成长的重要指数。父母要让孩子从小懂得关爱家人、关爱生活。可以让孩子自己动手，给父母做一些小礼物，并自己也做一些礼物和孩子交换，让孩子懂得亲子之间爱的回馈。孩子动手为父母准备礼物的过程，实际上是亲子情感上进行交流与沟通的过程。

专家指导

宝宝的心灵充满着无限的可能，爸爸妈妈就是它的引领者。要让宝宝拥有一颗体贴关爱父母的心，家长必须从细节入手，从平时的生活中培养孩子。

家长要让孩子有自主、独立的意识。爸爸妈妈千万不能因为心疼宝宝，就什么也不让他们干。宝宝也是家庭的小成员，需要尽力承担起小小的责任。给宝宝安排点任务：为下班的爸爸递双拖鞋，吃完饭帮妈妈送餐具，学会洗自己的小手绢……宝宝完成任务之后，记得要表扬他！在当小主人的过程中，宝宝体会到爸妈的辛苦，下次就不会袖手旁观！

家长偶尔可以主动向宝宝求助。大部分爸爸妈妈在宝宝面前常常扮演"超人"，似乎无所不能，可是"超人"也有脆弱的时候。给宝宝一个助人的机会吧！如爸爸生病了，不要把孩子拒之门外，可以让他帮忙倒水、找药、递毛巾……孩子就会明白，爸爸需要他的关爱和帮助。所以，当你们拎的东西很重时，让宝宝帮忙拿点；回家很累时，让宝宝当一下小小"按摩师"……你会发现，当你向宝宝求助时，他们还挺乐意呢！

家长要教孩子学会分享。父母要鼓励宝宝把好吃、好玩的拿出来，和周围的人一起分享。吃"独食"很容易成为一个自私霸道的人。如吃饼干时，爸妈要明确告诉孩子，饼干不是他一个人的，要让爸爸妈妈尝一尝。

家长还可以利用故事启发孩子对父母的爱。故事对宝宝有很大的吸引力，利用一些感人的故事教育宝宝是个不错的途径。比如，故事《爱的味道》中就描述了一个关爱妈妈的好孩子——布奇。妈妈生病了，布奇忙着给妈妈找药、拿湿毛巾，还和莫莫合作为妈妈制作了一个巨型汉堡。妈妈吃着汉堡，口中却溢满了爱的味道……

亲子游戏

游戏内容：给爸爸妈妈过生日。

游戏目标：让孩子主动表达自己对父母的关心和爱。

游戏道具：做生日礼品的材料和工具，生日蛋糕一盒。

游戏步骤：

（1）放录音歌曲《生日快乐》。

（2）为爸爸妈妈做生日礼物（可以做剪纸、折纸等）。

（3）祝爸爸妈妈生日快乐，并送给爸爸妈妈自己亲自制作的礼物。

（4）分享蛋糕。

相关讨论：

（1）孩子能否用庆祝生日的形式表达对父母的爱？

（2）孩子是否愿意学习关爱他人的策略？

贴心提示

中国有句古语："百善孝为先"。意思是说，孝敬父母、关爱父母是各种美德中占第一位的。你在为宝宝喂奶、洗尿布时，在聆听孩子咿呀学语、背诵儿歌时，在牵着孩子的小手逛公园、散步时，甚至半夜起身为孩子掖好被角时，每一个细小的动作中都包含着对孩子的关爱。问题是你意识里有没有一根弦，重视不重视适时表达爱、传递爱。

家长要学会用玩具启迪孩子的爱心。爱心和亲情的培养要从细小的事做起。比如引导宝宝和身边的绒毛狗狗、布娃娃做亲密的朋友，让他们用友善的态度对待这些玩具伙伴。如果孩子乱扔布娃娃，劝阻他："看，你把娃娃摔疼了，快给它揉揉。"如果孩子大声叫嚷，制止说："小声一点儿，别把小狗狗吵醒了。"孩子的爱心在这样的情境中会不断萌发壮大。

家长在家庭中要建立好东西大家分享的氛围。孩子小的时候父母就要做出榜样，吃饭时主动给长辈夹菜，遇到高兴的事讲出来全家一起分享快乐，有了喜事邀请亲朋好友共同庆贺，左邻右舍遇到困难时伸出援助之手；鼓励孩子把好吃的、新玩具拿给小朋友一起吃、共同玩，等等。有了这样充满爱心和亲情的环境，孩子就能从最初的行为模仿到一点点强化，最终塑造一颗宽容、谦让的爱心。

5岁儿童标准

标准内容

> 做了好事被表扬时感到自豪，做了错事被批评时感到羞愧；

> 喜欢自己所在的集体；

> 对父母和老师有感激之情；

> 尊重国旗、国歌。奏国歌、升国旗时自动立正。

自豪感和羞愧感是5岁孩子情感中最明显的表现。这个时期的孩子喜欢表现自己，当做了好事受到表扬时，常常会笑得很开心，会把自己所做的事情告诉成人或同伴，并在他们那里得到认可，这些都是自豪感的体现。孩子在做错了事情被指出来时，常常会低下头，感到非常难过或不好

意思，知道自己做错了，以后不会再犯错误，这是孩子有了羞愧感的情感体验。这个时期的孩子会表现出喜欢自己的集体，喜欢与集体中小朋友一起游戏、一起玩耍、一起学习和活动，集体中任何一位成员有困难都能主动帮忙，不脱离集体自己去做事，关心集体中的每一件物品等。

5岁的孩子在积极地参与到集体活动之余，还会懂得了解父母的工作，能够体谅父母，关心父母，经常对父母说感激的话，如"妈妈累了，您辛苦了"。对老师有感激，知道在幼儿园里老师每天从早忙到晚，教小朋友学习、组织小朋友们游戏，非常忙碌和辛苦。这些都说明了5岁幼儿已经有了感恩之情。

国旗、国歌是国家的象征，5岁的孩子已经懂得国旗是神圣的，国歌是高昂雄壮的，是不可以侵犯的。因此，在升国旗奏国歌时，孩子知道升国旗是非常严肃认真的，他们会主动地立正向着国旗升起的地方观看。

典型案例

云云的妈妈平时工作很忙，经常周末加班，但是有一个周六正好是云云5岁的生日，妈妈周五晚上就把云云要吃的饭菜全做好了放在冰箱里。

"云云，明天妈妈要加班，不能陪你过生日了，我把你爱吃的菜都做好了，吃的时候记得放在微波炉里热一下。"妈妈对正在画画的云云说。云云连忙跑到厨房里一看，妈妈为她准备了鸡腿、鸡蛋还有生日蛋糕，真是太丰盛了。

但是，云云转过头看了看妈妈明天要带到单位去的饭盒，饭盒里只有一点白菜豆腐。看着妈妈的背影，云云突然有一个想法：妈妈平时都把好吃的东西留给自己吃，我也应该让妈妈吃点好东西。想到这儿，云云的嘴角露出了微笑。云云拿出筷子从盘子里夹了两只鸡腿和鸡蛋放到妈妈的饭里面，外面用白菜盖住，心想明天妈妈看到了肯定很高兴。

星期六晚上，妈妈回家后，看着妈妈眼睛里含着泪花，云云故作糊涂地问妈妈："妈妈，你怎么了？"妈妈亲切地对云云说："云云，你懂事儿了，知道为妈妈着想了。"云云笑着对妈妈说："我才要谢谢妈妈送给我的生日蛋糕呢！"

案例分析

在这个案例中，云云的妈妈由于工作繁忙，无法陪云云过生日，而云云发现，妈妈为了给她庆祝生日，把饭菜准备得非常丰盛，但自己却把白菜豆腐带到公司里当午饭。云云看着妈妈平时工作这么辛苦，但是有什么好吃的还是要留给自己吃，她学会了感恩，把本是为她准备的鸡腿、鸡蛋夹到了妈妈的饭盒里，第二天妈妈上班发现后，非常感动，也很欣慰，自己的女儿懂事了。

家长要在平时的生活中，让孩子识别父母的感受，使孩子感觉到父母对他们的爱和关怀。孩子感同身受，必然也会在内心中萌发对父母和长辈的感激之情。

孩子感情冷漠，不体谅家长，这是许多家长的抱怨。家长含辛茹苦、无微不至地关心孩子，这不但不能打动孩子，反而招来责备甚至厌烦，这让家长很受伤。问题是，现在这样"冷血"的孩子越来越多。

父母在孩子面前谨小慎微，当牛做马，成了孩子的奴仆，这样就能真正帮助孩子吗？这样就能打动孩子、得到孩子的感激和体谅吗？未必。要得到孩子的理解和体谅，要让孩子感激你的爱和付出，首先要让孩子学会爱别人，让孩子懂得付出，要孩子承担起自己的责任，要孩子体验到生活的辛苦，这样他才能珍惜别人的关爱，体会到父母的良苦用心。父母要身体力行，为孩子树立美好的形象。要孩子爱自己，家长的言行就要为孩子起"爱"的示范作用，用自己美好的形象去感染孩子，熏陶孩子。

有这样一对年轻夫妇，每当吃饭时，总把好吃的菜往爷爷、奶奶碗里夹，经常帮老人换洗衣服，当老人生病时就端汤喂药，悉心侍候，他们不仅对自己的老人这样关心，与邻居也能和睦相处，互相关心，热情相助。邻居大婶病了，她的儿子儿媳在厂里加班还没回家，他们连忙用自行车推大婶上医院看病；楼上中风在床的张大爷家来了客人，他们又主动来到张大爷家烧饭、炒菜，帮着大爷招待客人。邻居们都满口称赞他俩是孝敬老人、关心邻里的好榜样。孩子为有这样的爸爸妈妈感到自豪和光荣，因而觉得自己的爸爸妈妈是可敬可爱的，从而使孩子爱父母的情感得到了培养。

孩子学着父母的样子，看到爸爸、妈妈下班回家就给他们拿鞋换，倒茶给他们喝。爸爸、妈妈生日时，亲自用糖果纸折成小蝴蝶作为礼物送给他们，表达自己对父母的美好祝愿。孩子这些爱父母的行为正是来自家长美好的形象的感染与熏陶，所以家长美好的形象对培养孩子的情感是十分重要的。

专家指导

家长要培养孩子对父母、长辈有感激之情，爱自己，就要在日常生活中把爱的情感恰到好处地给予孩子，要以平等的态度去处理自己与孩子的关系。生活上关心、体贴孩子；学习上鼓励孩子积极向上；品德上严格要求孩子。孩子的一些健康合理的精神需要，如买童话书、玩具、参观、游览等，家长只要在经济条件许可的情况下，尽量予以满足。并积极引导孩子，通过看童话书、玩玩具和参观、游览名胜古迹增长知识、开阔视野、丰富精神生活，让孩子感受到父母对他的挚爱。

同时，家长要对孩子的优点进行适当的表扬，对孩子的缺点或错误要进行具体分析，然后采用正确的方法予以矫正。有些情况下，由于孩子的天性，孩子经常会"闯祸"，例如想帮妈妈洗碗不小心打破了碗，或者是由于想探索玩具的秘密弄坏了玩具等。这些错误，都是家长可以包容的。家长绝对不能在孩子好心犯了错时，就不问青红皂白，一概责骂、训斥甚至殴打，以免伤害幼儿的感情。

我们反对有些家长采用"棍棒之下出孝子"的封建式教育，他们与孩子相处，总是以家长为轴心，"老子说了算"。孩子不听话要打，犯了错误还要打，想用一个简单的"打"来解决一切问题，这样粗暴的教育方法的结果是，孩子挨打时心中不服，萌发了"等我长大了再算账"的念头，慢慢地造成了孩子对家长的仇视心理，最终导致孩子和家长对着干。在如此对立的情况下，怎么可能培养出孩子爱父母的情感呢？家长万万不能采用这种错误的教育方法，最后往往会适得其反，让孩子仇视父母、仇视集体，甚至仇视整个社会。

亲子游戏

游戏内容：介绍我的家人。

游戏目标：让孩子感受家庭的温暖，以及表达自己对家人的情感。

游戏道具：全家福照片、《我有一个幸福的家》儿歌录音。

游戏步骤：

（1）看着全家福照片，向爸爸妈妈——介绍自己的家人。

（2）说出家人所从事的职业。

（3）听录音《我有一个幸福的家》

（4）让孩子用"爱"自由表达家庭关系，如"我有一个充满爱的家""爷爷奶奶爱爸爸妈妈""我爱爸爸妈妈"……

相关讨论：

（1）孩子能否准确表述家人的职业？

（2）孩子是否能表达喜爱家人的情感？

贴心提示

学会感恩对孩子的一生至关重要。著名教育家苏霍姆林斯基曾说：良好的情感是在童年时期形成的。如果童年蹉跎，失去的将无法弥补。一个不知道感恩、不知道报答他人和社会的人，不是一个人格完整和心灵健康的人。

作为打根基的幼儿教育，感恩教育不仅有利于孩子的身心健康，而且有利于孩子建立和谐的人际关系。对孩子进行感恩教育能培养孩子与人为善、助人为乐的品德。

值得注意的是，感恩教育需要在真实的情境中进行，要想对孩子实施更有效的感恩教育，参与孩子的感恩教育中，老师和家长的教育要相互配合，平时家长要和老师多交流，让孩子懂得对家长、学校、老师和社会感恩、报恩。

孩子的心犹如一片净土，种植感恩，就会收获仁爱、关怀、宽容和幸福。从小给孩子的心灵播下感恩的种子，让他们对一切美好的事物心存感激，那他们将会以坦荡的心境、开阔的胸怀来应对生活中的酸甜苦辣，来报答父母、师长，报答社会。

6 岁儿童标准

标准内容

➤ 做了好事感到满足，犯了错误感到内疚并用实际行动来弥补；

➤ 为集体的荣誉感到高兴和自豪；

➤ 对关爱或帮助自己的人有感激之情；

➤ 爱家乡、爱祖国，为自己是中国人感到自豪。

---

6 岁的孩子相比较 5 岁的孩子而言，集体意识更强，懂得了什么是集体的荣誉感，把集体的利益放在非常重要的位置，例如，当参加集体的某项活动时，孩子会产生一种使命感和荣誉感，而这种使命感和荣誉感恰恰来自于孩子对集体的热爱。孩子知道自己是集体中的一分子，所以集体的荣誉就是个人的荣誉的一部分。

6 岁的孩子对关心自己、帮助自己的人都会产生感激之情，知道给予自己关心和帮助的人是付出了劳动和辛勤的汗水的。比如，孩子对家里的保姆，由于长期生活在一起，孩子感受到了保姆用心、体贴的照顾，就会对保姆产生一种感激之情。

此外，6 岁的孩子已经有了民族自豪感和自尊心，对于家乡的理解主要是局限在自己生活的地方。孩子透过学校老师教的知识，以及各种外界的信息（如电影、电视等），开始萌发了对自己家乡的爱，开始对自己的居住地产生一种眷恋的感情。

6岁的孩子已经知道，自己是炎黄子孙，是中国人，能够为自己是一名中国人感到骄傲和自豪。爱家乡、爱祖国，做了好事感到满足，犯了错误感到内疚并用实际行动来弥补。

孩子知道做好事是光荣的事，是值得夸奖的事，但6岁孩子通常做了好事即使没有成人的表扬也会非常满足，还会继续这样去做的，有时候做了错事，也会有内疚感，知道自己做错了，还会用做其他的事情来弥补自己犯下的错误。

典型案例

有一天，6岁的刘冉从幼儿园回来兴奋地告诉妈妈，幼儿园要组织"六一"汇演，她有两个节目：一个是古筝独奏，一个是舞蹈。妈妈听了以后很高兴，对刘冉说，那得抓紧时间练练了。刘冉小脑袋一扬："那还用说？我还要为班级争光呢！"然后，就忙着去书房排练了。

自那天开始，刘冉像换了个人似的。每天放学回来，一改平时磨叽的习惯，放下书包就到客厅里练半个小时劈叉什么的，之后再加练一个小时的古筝。一个小小的幼儿园汇演，竟让女儿如此懂事，妈妈实在是没想到。

汇演那天，上午排练，下午是正式汇演。在汇演正式开场前5分钟，妈妈来到学校报告厅，与刘冉坐在一起。按节目顺序，刘冉的古筝演奏排在第六，舞蹈在第八，可就在第四个节目魔术《空瓶变物》还在表演的时候，刘冉就开始摩拳擦掌坐不住了。妈妈对刘冉说，还早呢，不急。刘冉说，早点做准备，免得到时乱了阵脚。说话间，然后将身子往椅背上一靠，两眼望着天花板，两只小手则有节奏地敲击着椅子的扶手。原来，刘冉是在温习"功课"呢。

很快，该到刘冉的节目了。于是，刘冉站起身，上台准备去了……

不一会儿，台上的帷幕后飘出一缕优雅悦耳的《丰收锣鼓》古筝曲。

随着舞台帷幕慢慢地拉开，聚光灯下，刘冉正镇定地坐在古筝前，十指灵动，身体语言也随着乐曲节奏的变化，而变得丰富起来……场下顿时响起一阵热烈的掌声和欢呼声。尽管妈妈在家里多次听过刘冉弹奏这支曲子，但这一次还是被感动了，这不仅因为女儿演奏得很成功，还有她的台风和那股难掩幼稚的认真劲儿。

刘冉一开始古筝弹得不错，到了舞蹈表演，就更有信心了，台上的刘冉宛如一位花仙子翩翩起舞，在她的周围是七八个头顶荷叶伴舞的孩子……最终，凭借刘冉和小朋友们的配合的精彩舞蹈，刘冉的班获得了最佳节目编排奖，而刘冉的古筝独奏也获得了这次汇演节目的一等奖。

刘冉从台上下来时是满脸的喜悦。妈妈问女儿："对于古筝和舞蹈，你认为哪个更令你开心？"没料到，刘冉想都没想，脱口而出："舞蹈啊！"妈妈问她为什么，刘冉抹了一下头上的汗水，说："古筝是我一个人弹，而舞蹈是和小伙伴一起跳。"妈妈高兴地说："你跳得真棒！"刘冉听了妈妈的夸奖，脸上的笑容变得更灿烂了。

案例分析

在上面的案例中，刘冉参加了幼儿园组织的"六一"汇演，她显得非常积极，为了集体的荣誉，她早早地就开始准备了，最终，刘冉在汇演上表现得非常出色，为集体争得了荣誉，同时也为自己争得了荣誉，但是当妈妈问刘冉哪个更使她开心时，刘冉的回答是，在和小伙伴一起跳为班集体争得了荣誉，更使她感到开心和自豪。

现代社会个人和集体总是分不开的，一个人总是属于大大小小集体中的一分子，人的发展离不开集体。具有集体观念的人更容易融入到一个新的环境，并与集体共荣辱，这是一个人不可或缺的品质。如果在这个阶段培育孩子良好的集体意识，对孩子今后的生活会产生直接影响，例如能够顺利融入小学生活、工作中负责、具有团队精神等。

在日常生活中，家长要重视为孩子创设良好的环境，让孩子在愉快的集体环境中了解个人与集体的关系，使其萌发爱集体的情感。

要让孩子有集体感，首先要让孩子在这个集体里感受到放松和快乐，这就要求孩子能尽快适应幼儿园的集体生活。家长在平时的教育中，应该让孩子学会与人交往，懂得分享，培养孩子的自信与谦让的品质，让孩子在幼儿园成为一个受欢迎的小朋友。良好的同伴关系会让孩子在集体生活中感受到快乐，孩子之间也会渐渐形成彼此关心、互相帮助的友爱关系，孩子会感受到集体就是一个温暖的大家庭。

孩子体会到了集体生活的快乐后，渐渐地发现在集体中不能像家里一样随心所欲，必须要受到集体规则的约束。家长平时要注意点滴渗透，将教育渗透于各项活动之中，通过让孩子做游戏、讲故事的方式让孩子对集体观念有直观的理解。

同时，一些团队活动能让孩子懂得"集体力量大"这一道理，而通过与别的小伙伴进行竞赛活动，会让孩子懂得个人与集体的关系。孩子会渐渐明白自己是集体的一名成员，自己做得好就会给整个集体加分，自己做得不好，就会影响别的小朋友或整个集体。孩子会发现在集体中不能像家里一样随心所欲，必须要受到集体规则的约束，这样能培养他们维护集体荣誉的责任心。

著名教育家马卡连柯曾经说："即使是最好的儿童，如果生活在组织不好的集体里，也会很快变成一群小野兽。"事实证明，缺乏集体荣誉感的孩子都我行我素，不能形成良好的作风和性格，更没有积极向上的学风，所以集体荣誉感是一个人成长的关键要素。因此，让孩子成为集体中的积极分子，既有利于集体的发展，也有利于孩子的进步。

首先，家长要真正关心孩子所在的集体。要经常向孩子了解班集体的情况，跟孩子一起讨论班上的各种问题，例如，要经常问孩子："今天在班里表现怎么样啊？""老师都讲了什么啊？""和同学都做了哪些游戏啊？"

有时候，班集体开展活动，需要家长在人力、物力上给予支持。家长的支持会使孩子感到"我们家与班集体心连心"。

其次，家长应支持孩子承担一定的集体责任。这对培养孩子的主人翁精神有好处，而且能培养孩子的多种能力。有的孩子在班里什么都不肯做，当值日生，却连笤帚都不肯拿。应鼓励孩子在每次的活动中做积极分子，完成自己应该完成的任务——发言、表演、布置会场等，不要让孩子

第三部分 情绪情感

从小就做看客。

家长在了解孩子在幼儿园期间情况的过程中，如果发现了问题，例如孩子和小伙伴发生了冲突、受到老师的批评等，要帮助孩子做出客观的分析、判断，既要看到有利因素，也要看到不利因素，指导孩子胜不骄、败不馁，学会控制自己，发展有利处境，扭转不利处境。

亲子游戏

游戏内容：学唱歌曲《我爱我的幼儿园》。

游戏目标：让孩子初步了解集体与个人的关系，培养其责任心和集体感。

游戏道具：《我爱我的幼儿园》磁带、录音机。

游戏步骤：

（1）教孩子学唱歌曲《我爱我的幼儿园》。

（2）向孩子提问："为什么爱你们的幼儿园？"

相关讨论：

（1）孩子是否知道幼儿园班集体的快乐和温暖？

（2）孩子是否初步懂得个人离不开集体的道理？

贴心提示

很多家长会发现，自己的孩子在家里活灵活现，但是到了外面，却变得非常内向，见到人都不敢说话，直往父母的怀里躲。其实，很多孩子都有这样一个过程。在家活泼好动，去外面却不敢说话，在这个时候，家长不要过多责备孩子，也不要硬逼着孩子和别人说话。发生这种情况，是因为孩子还不能习惯跟陌生人说话，或是对陌生人有一种天生的恐惧感。

要消除孩子的这种现象，家长可以多带孩子出去走走，例如带孩子去超市、商场或游乐场等人多的地方，让孩子看一看人山人海，看一看新鲜事物，多认识一些陌生的小朋友。

其次，带孩子外出时，要引导他主动跟别人打招呼，例如看见老人，要对孩子说："看看这是谁啊？是不是老爷爷？咱们跟他打个招呼，好吗？"但是如果孩子躲在身后不愿意出来招呼人，家长也不要强行拉他出来，这样只能让他更害怕，要反复引导孩子，鼓励孩子，慢慢地孩子自己就会出来打招呼了。

最后，可以平时多抽出些时间，陪孩子一起到他熟悉的环境和熟悉的人群中去，让孩子首先感受到安全感，有了安全感，孩子自然会慢慢变活泼。要陪孩子一起做游戏、读书等，多给孩子表扬和肯定，让孩子充满自信。鼓励孩子与别的孩子一起玩，让他觉得跟别的小朋友玩不仅是件有趣的事情，而且还能得到父母的表扬。这样，孩子就会主动去接触外界，接触本来陌生的小朋友，适应本来陌生的环境，他在外面也可以放得开，玩得尽兴。

第三部分

情绪情感

3~6岁儿童学习与发展

父母大讲堂

——社会性与情感

第四部分 行为规则

行为规则，指的是我们日常生活中必须遵守的规范和准则，规则具有长期性、稳定性和适应性的特点。3~6岁的孩子是形成良好行为规则的重要时期。俗话说，"没有规矩，不成方圆"，通过制订规则，能让孩子能够更加规范、自由地成长。

　　孩子刚出生时，由于还没有自我意识，所以还没有遵守任何规则的意思。刚出生的孩子，是不懂得在晚上睡觉时不能打扰别人的道理的。他们经常在半夜想哭就哭、想闹就闹，经过大人的哄劝，才能渐渐恢复平静。

　　随着孩子自我意识的发展，孩子逐渐有了"我"的概念，开始有了评价、模仿的能力，这时候，他们会好奇地发现，大人每天做事情仿佛是有规律似的，爸爸妈妈早上会按时起床、吃早饭，然后上班，晚上也会按时回家等。3岁的孩子的脑中，已经渐渐有了规则的雏形，但是，由于这个时候的孩子还被培育在家庭的温室中，没有与外界过多的接触，所以他们还不具备用行动来遵守规则的能力。

　　到了4岁，孩子上了幼儿园，身边不再只是爸爸妈妈，还有老师和一群小朋友，这时的孩子会在老师的引导下，懂得幼儿园的一些行为规则，并在和其他小朋友的接触和游戏中，渐渐学到规则和秩序，比如一个简简单单的跳大绳游戏，如果不按照一定的秩序，一个个接一个地跳，或者跳绳的和荡绳的相互之间不配合，那么这个游戏也是进行不下去的。所以，这时的孩子无论在家里还是在幼儿园里，家长都会教他们游戏的规则和技巧，孩子也因此而懂得了遵守一定规则的重要性，因为没有规则，什么都玩不成。在活动中，他们也从中学习相互帮助、相互友爱的道理，孩子懂得不欺负别人、好东西要拿出来分享等，并已经有了诚实、公正的表现。

　　到了5岁，孩子的人际交往能力继续加强，所以，孩子内心里融入集体、融入社会的需求更强烈了，这种需求能够促使他们按照家长和老师的要求遵守公共场所的规则，在一些安静的公共场所不大声喧哗，例如医院；在人比较多的公共场所中，会注意保持卫生，不影响他人，比如说公园。5岁的孩子懂得爱护自己和别人的东西，不在别人不允许的情况下拿别人的东西等。这时候的孩子已经懂得不能对大人撒谎，要做一个诚实的好孩子的道理。

6岁的孩子，无论是自我意识还是人际交往方面都得到了进一步的发展，他们可以根据以往大人教给他们的知识和经验，自觉遵守公共场所的规则，比如穿越马路时，懂得红灯停、绿灯行的道理，不会随意乱穿马路；懂得爱护公物，不在公园的草坪上踩踏；懂得爱护环境，睡觉前会自觉地关闭卧室的电灯，等等。

3～6岁的孩子可塑性强，容易受到外界的影响。这个阶段是孩子接受熏陶、形成良好品德和行为习惯的重要时期。家长要不断引导和教育孩子为人处世的一些基本的准则，在孩子的大脑中留下深刻的痕迹，从而形成习惯。

◆ 1. 衡量遵守基本社会行为规则的标准

孩子从小生活在父母提供的温室中，像一粒粒幼小的种子，到了一定的时期，这一粒粒种子会渐渐地发芽，从温室的缝隙中伸展出来，接受阳光，更要接受风雨。所以，家长要使得这些脆弱的嫩芽在外界的影响下变得坚强，不至于脆弱地折断，就要从小培养他们遵守外界的行为规则。

孩子从小在家里，并没有什么规矩可言。他们一般是怎么高兴怎么来，怎么舒服怎么来，可是，进入4岁，孩子到了幼儿园，周围已经不再是爸爸妈妈两人了，而是更多的小朋友，这时候，像家里那样毫无顾忌肯定是不行了，要与人方便，自己方便，就必须要教孩子一些基本的行为规则。

对于刚刚进入幼儿园的3～4岁的孩子，家长要用心多加指导，要让孩子明白在幼儿园不能像在家里一样，站没站相、坐没坐相，要挺胸抬头、神气活现地和小朋友们一起游戏，要懂得谦让、分享和合作，不要因为一点芝麻绿豆大的小事儿就和小朋友发生冲突甚至大打出手；要懂得尊重自己，也尊重别人，不要随便拿人家的东西，更不准损坏别人的东西。

到了6岁，家长可以引导孩子知道一些更深层的社会行为规则，比如要爱护环境、节约水资源等，而这时候的孩子在幼儿园中已经有了和小朋友良好相处的经验，也可以按照一些行为规则和小朋友们一起游戏。这时候的孩子已经不用大人每天再唠叨"过马路要看指示灯"这类话了，他们已经能够自觉地遵守交通规则，并教比自己小的孩子一些行为规则。

4 岁儿童标准

标准内容

- 能在提醒下遵守公共场所的规则；
- 在提醒下能够遵守游戏规则；
- 在提醒下，用过别人的东西能归还；
- 不浪费食物。

4岁的孩子懂得爱护公物，维护公共利益；遵纪守法、自觉维护公共秩序。这些都是遵守公共场所规则的表现。这个时期的孩子能够在家长或老师的提醒下，做到遵守一些简单的、基本的规则，例如过马路要看红绿灯、不能随地乱扔果皮、纸屑等。

由于4岁的孩子进入了幼儿园，要和其他小朋友健康交往，就要懂得一定的游戏规则。遵守游戏规则是孩子游戏能够顺利进行的基础和保证，孩子能在同伴的提醒下，在进行游戏时，遵守规则，共同完成游戏任务。幼儿活动时会有意识地去借用别人的物品，包括玩具、图书、游戏所用的工具以及生活用品，也可以在成人的提醒下，做到用过别人的物品之后物归原主。这说明孩子已经有了社会的规则意识和道德意识，知道不是自己的东西用过之后不能私自留下来。

此外，孩子在与社会接触的过程中，了解到我们吃的粮食是农民用辛勤的劳动换来的，知道粮食是来之不易的，不能浪费一粒粮食，并懂得浪费粮食的人是可耻的，是不受欢迎的人，懂得了初步的社会道德品质，这也说明孩子已经具备了初步的社会性道德。

典型案例

有一次，华华和妈妈一起去买菜，回家途中，华华看到了对面商场摆着一个很大的玩具熊，正在做着向他招手的动作，仿佛是在和华华打着招呼，华华很快就看入迷了，此时正好人行道上亮了红灯，华华却跃跃欲试，想快点到马路对面看那只玩具熊，他挣脱妈妈的手，不管不顾就想往马路中间跑。华华的妈妈及时制止了华华，对华华说："现在是红灯，车这么多，你要等到绿灯亮了再走!"华华指着对面的玩具熊，对妈妈说："我要去看大熊。"妈妈看了看，笑了，对华华说："妈妈告诉你，你要听妈妈的话，在红灯亮的时候一定不能横穿马路，绿灯的时候才能走，红灯停，绿灯行，等你学会了，妈妈就把玩具熊买回家给你玩，好不好?"华华听了妈妈的话，很高兴，于是，"红灯停，绿灯行"这句话，华华很快就学会并领悟了。

案例分析

　　在案例中，华华由于看到商场里摆着的玩具熊，不顾马路上来往的车辆，想尽快跑过去看玩具熊，妈妈发现后，引导华华要遵守交通规则，红灯亮的时候要停下来等待，绿灯亮了才能过马路，并对华华说，只要华华记住了妈妈的话，就给华华买玩具熊。华华受到了妈妈的鼓励，很快便懂得了"红灯停，绿灯行"的交通规则。

　　4岁的孩子由于自我意识的增强，以及人际关系等的变化，很容易导致对规范知、行的脱节，要使孩子能掌握规范内化的行为规范，家长要在平时的日常生活细节上着手，根据孩子的能力，和孩子一起制订规则，在洗澡、洗手和平时家长拖地时，家长首先要让孩子知道如果没有一定的秩序就会出现混乱的现象；如果不遵守规则就容易发生事故，孩子会在了解原因的基础上共同商定一个学具取、放和使用的规则，这样幼儿会比较适应新规则，并自愿自觉地遵守。

　　既然定了规则，便要加以执行，在执行的过程中，家长要坚持一贯性和一致性的原则，不可因为环境、对象、心情的不同而把规则变得有弹性，每项规则的制订，虽然是由孩子参与制订的，但是由于孩子的自控能力、理解能力、自理能力等方面的差异，必然会导致孩子对有些规则执行起来较为困难，作为家长来说，要时常督促提醒，第一次不懂的，要对孩子进行第二次、第三次甚至更多次的教育和引导，但不可操之过急。比如孩子喜欢随地乱扔东西，家长可以假装被东西绊倒了，摔在地上，以此来刺激孩子，让孩子懂得乱扔垃圾会影响到别的家庭成员，如果下次他还是乱扔东西，可以多次尝试，但是不能因为孩子暂时认识不到，就严厉批评孩子，这会让孩子产生逆反心里，制订规则的目的就是要让规则变成孩子的一个自觉的行为。

第四部分

行为规则

175

专家指导

　　家长要帮助孩子建立规则意识，可以通过日常生活中的具体情境事例，让孩子认识到规则的重要性。比如过马路时要走人行横道线，不能闯红灯，只有每一个人都遵守交通规则，马路才能保持畅通，小朋友才能平平安安上学；公共汽车前门上车、后门下车就不会发生拥堵；在自助餐厅用餐，不能高声喧哗、随便跑动，要适量取用、避免浪费等等。在真实的情景中引导孩子感受到，生活中处处有规则，人人守规则，我们的生活才能更美好、更快乐。

　　与此同时，家长还可以与孩子共同制订家庭公约或游戏规则。在规则制订的过程中，鼓励孩子发表自己的意见，尊重他们的想法，最后通过协商达成一定的共识。让孩子遵守自己参与制订的规则，他会产生一种责任感、义务感和成就感，于是他也会把遵守规则变成一种良好的习惯，更加自觉和主动。

亲子游戏

　　游戏内容：看图片学走人行横道。

游戏目标：让孩子知道过马路要走斑马线，养成遵守交通规则的好习惯。

游戏道具：马路斑马线的挂图、交通事故的图片、有关故事书等。

游戏步骤：

（1）教孩子看图片，认识人行横道。

（2）教会孩子正确过马路的方法。

（3）给孩子讲一些关于过马路的故事。

相关讨论：

（1）孩子是否知道过马路应该遵守的交通规则？

（2）交通安全意识是否增强了？

贴心提示

宝宝不好好吃饭，挑食、厌食，是令很多妈妈头痛的问题。比如，宝宝吃饭时挑挑拣拣，或者根本就不吃，如果给宝宝喂饭，他甚至常常用舌头将饭菜顶出去、边吃边玩等等。其实，这都是由于没有从小培养孩子健康的饮食习惯的缘故。

很多父母总是期望宝宝尽可能多吃，因此，即便宝宝已经吃饱，他们仍然因为宝宝没有别的孩子吃得多而忧心忡忡。有的父母对宝宝就餐要求不严，宝宝常常边吃饭边看电视，或者边吃边玩，结果宝宝的注意力被分散，甚至根本就忘了自己在吃饭，时间长了就会形成不好好吃饭的习惯。有的父母性子急，见宝宝吃饭磨蹭，就急切地抢过来喂饭，并养成了追着喂的毛病等等。

到了一定年龄，家长要让宝宝习惯像大人一样吃饭，就要为宝宝做好就餐准备，比如为宝宝准备特定的儿童就餐椅，以免他吃饭时跑来跑去，帮助宝宝养成安安静静坐下来吃饭的好习惯。这样，宝宝就会在吃饭的时候比较专心。宝宝吃饭时，父母不要追着喂，以免宝宝将父母喂饭当成一种有趣的亲子游戏，甚至成为控制父母的有效方式。

家长还要让宝宝明白就餐不是游戏，如果宝宝已经养成这样的习惯，可以通过限制宝宝零食、严格控制就餐时间等方式来进行调整，一旦宝宝耍赖，父母一定要坚持，即便让宝宝饿上一两顿也无妨。只有这样，他才会明白，就餐不是他想象的那样是一种游戏。

5岁儿童标准

标准内容

> 能按要求遵守公共场所的规则；

> 能按规则玩游戏，如按规定轮流玩；

> 不私自拿不属于自己的东西；

> 爱护自己的东西，也爱护别人的东西；

> 知道要保护动植物，不伤害小动物，不乱采花木等。

5岁的孩子，遵守行为规则的意识逐步增强，这时候的孩子，已经能够按照大人的要求，遵守一些公共场所的规则，比如上厕所要排队、在教室里不能大声喧哗、墙壁不能乱写乱画等。而在这期间，孩子的活动依旧是以游戏为主，5岁的孩子，已经能够按照游戏规则来玩游戏，因为孩子明白，只有在游戏中遵守规则，按规则玩游戏，如按规定轮流玩，才能保证游戏的顺利进行，并共同合作一起完成游戏的任务。

5岁的孩子在这一时期懂得更多的人际交往方面的规则，比如不私自拿不属于自己的东西、不损坏其他人的东西等。孩子懂得在别人不同意、不允许或不知道的情况下拿别人的东西是不对的，想要拿别人东西的时候就会想到这是一种不好的行为，这种行为是不被认可的。

5岁孩子知道爱护自己的东西的同时也懂得去爱护别人的东西，知道最基本的社会行为准则，能够体谅别人，明白别人的东西和自己的物品一样，都是需要珍惜的。关心他人的意识不断增强。这时候的孩子还萌发了保护环境的意识，能够对动植物进行保护，有关爱之心，不伤害小动物、不乱采花木等。他们知道保护环境是自己应做的，有强烈的责任意识，并关注环境的变化，有意识地去了解环境变化的原因。

典型案例

妈妈最近发现小涵总是往家里带各种东西，有时只是一些铅笔和橡皮，有时竟然是别人的绘画本。妈妈很好奇，这些东西小涵是怎么弄到的？有一次，小涵又带了许多东西回家，他关上房门，把那些东西摊到桌子上，一件件地看起来，妈妈敲了敲门，然后进去了，看到小涵又多了许多小东西，就问小涵："小涵，你这些东西是哪来的？"小涵默不作声，妈妈已经明白了，就对小涵说："这些东西都不是你的对不对，是你拿别的小朋友的吧？"小涵低下了头，妈妈并没有责怪小涵，随即走了出去。

这么多铅笔不是你的，对不对？

第二天，小涵从幼儿园回来，发现自己床头上喜欢搂着睡的娃娃不见了，就开始在屋里翻箱倒柜，妈妈走了进来，看着小涵急得像热锅上的蚂蚁一样，来回地在屋里转悠，就问小涵："小涵，你干吗呢？"此时的小涵急得都快哭了："我的娃娃不见了。"妈妈从身后拿出了娃娃，对小涵晃了

179

晃："是不是这个啊?"小涵马上抢了过去,抱在怀里。妈妈对小涵说:"妈妈没有经过你的允许,就私自拿你的东西,你开心吗?"小涵摇了摇头。妈妈接着说:"那你拿了人家那么多的东西,事先对人家说了吗? 人家又会有什么感受呢?"小涵羞愧地低下了头,妈妈走上前去,对小涵说:"你已经5岁了,应该懂得一些道理了。不经他人允许是不能够拿别人的东西的,这是最起码的礼貌和尊重,明天,把拿人家的东西当面还给人家,向他们道歉,好吗?"

第二天,小涵按照妈妈的要求,把拿来的东西都还给了小朋友,并一一地向他们道了歉。

案例分析

在这个案例中,小涵经常私自拿别人的东西,被妈妈发现后,为了教育小涵,妈妈把小涵最喜欢的娃娃藏了起来,第二天小涵回到家看到娃娃不见了,急得快要哭了,妈妈这时候走过来拿出了玩具,并让她换位思考,不能私自拿别人的东西,让小涵把别人的东西都还回去,并向人家道歉,小涵听从了妈妈的话,第二天就把东西还给小朋友了。

从儿童心理学来分析,孩子私自拿别人的东西是由两种心理因素引起的:一是孩子有一种强烈的占有欲望,他对自己没有玩过的东西,既好奇又想获得,而且企图马上获得。在私欲的引领下,他便悄悄将别人的东西据为己有。

另一种是孩子有一种异乎于成人的冒险心理,他们想,我拿了别人的东西,只有自己知道,别人却不知道,这是多刺激和神秘呀。偷东西的行为大多发生在孩子幼年时,大多数孩子并不清楚偷盗这种行为的卑劣之处。因此,孩子出现拿别人东西的问题时,家长一定要在第一次就非常重视,让孩子分清物品的所有权很重要。孩子发生"拿别人东西"的问题,家长要学会冷静处理,像此案例中小涵妈妈的做法一样,让小涵经历一次自己的东西被别人私下拿走的经历，让孩子感受到自己的东西突然被剥夺的滋味，以此来教育孩子。

专家指导

　　家长要让孩子懂得物品的所有权，即哪些东西是自己的，哪些是别人的。属于自己的可以自由支配，他人的东西要征得别人的同意才能使用。首先，要在家中也建立这种所有权的意识。将孩子的东西与成人的东西区分开，可以常常告诉他："这是你的玩具""那是爸爸的书"。孩子在需要使用家长的东西时，必须征求父母的同意。家长也要在使用孩子的物品时，征求孩子的意见。

　　其次，家长要对孩子的某些需要适度满足。现在的家庭对孩子的需要往往满足过度，造成了孩子的一种思维习惯：我想要什么就有什么。孩子的需要如果不能满足，就会出现"强占"或"私拿"，这是孩子思维的一个误区。因此在满足孩子的需求时，不能一味地全部满足，有些要求可以让孩子通过努力去实现。

　　最后，家长要与孩子多交流，了解孩子内心的真正想法对于及时发现孩子的问题很重要。对待孩子出现的问题要保持一种冷静的态度，让孩子乐于将自己的想法说出来。"你是不是也想要一个小瑞那样的笔呀？你可以用你的零花钱买一个。"孩子每天回到家，家长都要与他们聊聊在幼儿园或在学校发生的有趣的事，让孩子养成与家长说"心事"的习惯。

亲子游戏

游戏内容：向孩子借东西。

游戏目标：让孩子懂得借别人东西要及时归还的道理。

游戏道具：铅笔、小刀、彩笔。

游戏步骤：

（1）父母可以向孩子借一些简单的东西，如铅笔、橡皮等。

（2）妈妈借了东西之后，很快地就还给了孩子。

（3）爸爸借了东西以后，很长时间都没有归还。

（4）问一问孩子，爸爸做得对还是妈妈做得对？

相关讨论：通过游戏，孩子是否懂得借别人东西要及时归还的道理？

贴心提示

现代的孩子多是独生子女，孩子在家里形成了随心所欲、以自我为中心的心理，到了幼儿园，这种观念还长期转换不过来，所以，抢别人的东西、不经别人同意就拿别人的东西、借东西不还、经常损坏别人的东西的现象也就时有发生了。因此，家长要根据孩子以自我为中心的心理特点，从小就教孩子识别别人的东西和自己的东西的不同，还要让孩子知道，如果想要用别人的东西，就要事先征得别人的同意，用完之后马上还给别人，而不能随便拿别人的东西。家长还可以在平常带孩子逛街买东西时让孩子体会"不是自己用钱买的东西就不可以拿回家"，这样，孩子慢慢地就了解了什么是可以拿的、什么是不可以拿的了。

6岁儿童标准

标准内容

> 自觉遵守公共场所的规则；

> 能按约定好的规则游戏，在竞赛性游戏中输了不要赖；

> 爱护公务，不故意损坏物品；

> 爱护环境，懂得节约水、电、纸张等资源。

6岁的孩子自觉性比之前有了明显的发展，已经具备了遵守社会公德的意识，在公共场所幼儿能够自觉遵守秩序，如到超市要排队买东西，要将垃圾放入垃圾桶中，不在医院等需要安静的公共场所大声喧哗，不打扰别人等。孩子的自觉性表明他们内心对遵守规则已经有了深刻的认识，从而产生外部的表现，这种表现是积极的，对孩子今后的发展是有好处的。

这个阶段的孩子，还能够主动按照约定好的规则进行游戏，这种规则是外显的，是共同制订和遵守的，所以孩子能按约定好的规则游戏，在竞赛性游戏中输了不要赖。在游戏过程中，通过规则约束孩子，孩子通过共同遵守规则，游戏就会顺利继续下去，最后完成游戏任务。

6岁的孩子还能自觉爱护公物，不故意损坏物品。例如，孩子能自觉地爱护教室里桌椅板凳、录音机、玩具、门窗等，以及操场上的体育设施等。孩子知道公物是幼儿园里的公共财产，是大家共同使用的，缺少了这些物品，对自己的生活是有影响的，因此每个人都有权利和义务去爱护，这说明，孩子的公德意识得到了进一步加强。

这个时期的家长，不妨再培养一下孩子的环保意识，让他们懂得要保护大自然中的一草一木，6岁的孩子已经可以养成保护环境的良好习惯了。他们已经通过课本、电视、电脑等媒介得知大自然有着丰富的物质资源，但是这些资源也并不是取之不尽、用之不竭的，也可能出现能源短缺的现象，孩子了解了这些，就会养成爱护环境、节约水、电、纸张等资源的好习惯。

典型案例

星期一早上，老师刚迈进教室，就被几个神情焦急的孩子给围住了。他们叽叽喳喳地向老师汇报，早上发现班内有一张课桌桌面有很多划痕。在孩子们的眼里，这可是个惊人的大发现，因为班里从没有发生过这样的现象。因为这个班的孩子从一进入幼儿园，老师就教他们要爱护公物。循着孩子的指点，老师来到了那张课桌前。老师弯下腰，在桌面上发现了三道很长的，明显是用坚硬的物体划过的痕迹。课桌的主人是刚转进这个幼儿园没几天的亮亮，亮亮看了老师一眼，一脸无辜地解释道："老师，这不是我划的，是今天早上才发现的……"

老师相信了他的话，亮亮是个诚实的孩子，但不是他又会是谁干的呢？霎时，周围的孩子们似乎都成了福尔摩斯，又开始七嘴八舌地推测着"犯案的元凶"。最后通过调查得知：是上周六假日活动时别班的同学涂划的。

看着孩子们对"划痕事件"如此重视，老师由衷地感到欣慰。现在，孩子们爱护自己的课桌就像爱护自己的身体一样。幼儿园的课桌本来已经很陈旧了，时常出现螺丝松动的小故障，但孩子们却从不在上面乱涂乱划，更不会在上面刻字。如果课桌的零件坏了，还会主动修理。

案例分析

在这个案例中，这个班的小朋友平时受到老师正确的引导和教育，爱护公物的意识很强，新转来的亮亮同学的桌子上出现了划痕，小朋友们一下子就发现了，马上通知了老师，经过调查表明桌子上的划痕并不是本班的小朋友所为，而是外班同学划上去的，说明这个班的同学已经将爱护公物、不故意破坏物品的意识融入到了生活中的每个细节当中。

我们经常可以看到孩子破坏公物的现象：在课桌上、墙壁上胡写乱画；从图书馆借来的图书边看边撕；将幼儿园的玩具随便乱扔；走在大街上随手乱丢果皮、纸屑，用脚蹬踏垃圾箱；逛公园时采摘花卉，在草地上乱踩。

家长要首先培养孩子爱护公物的良好品德，最初要从孩子接触的玩具、书籍、文具和家里的用品开始，让孩子爱惜这些东西。你可以带孩子到工厂去参观，让他知道这些东西是许多叔叔、阿姨经过辛勤劳动创造出来的，要好好保护，不能任意损坏。当孩子出现损坏公物的行为时，家长要及时制止孩子不爱护公物的举动。例如，孩子在公园里摘花，你应该让他马上住手，告诫他这些花是供给大家观赏的，如果每个人都摘一枝的话，公园里就没有花了；如果孩子已将花摘下来了，你应该立即带上孩子到公园管理处赔偿，虽然你损失了几元钱，并感觉很难为情，但你的这个正确的举动会使孩子受益一辈子。

家长应以身作则，爱护公共财产。有的家长见家里缺了什么东西就从单位往家里拿，将垃圾倒在公共场所，在楼道上乱堆杂物。这一系列自私自利、损公肥私的行为，会使孩子产生一种想法：公家的东西有的是，爱不爱护没关系，从而也照着父母的样子去做，养成不爱护公物的坏习惯。

专家指导

6岁的孩子已经开始在慢慢地接触社会，也面对着很多公共规则，要孩子养成良好的公共规则意识，父母就是孩子的第一位启蒙老师。孩子们发现了新的问题，他们会很好奇地问东问西。就拿过马路来讲，很多大人都不能遵守交通法规，明明是红灯，看着车少就开始穿马路，这时家长可以拉着孩子依旧等着绿灯。孩子就会问"妈妈，为什么他们都过，我们不过啊？"家长就要告诉孩子，你知道"红灯停、绿灯行"这句话吗？现在是红灯亮，所以就不能过马路，这些闯红灯的大人是没有遵守交通法规，万一有辆车飞快地开过来，就会撞到他们，就会出血了。小朋友的理解能力有限，他们不知道撞到会出现怎么样的后果，但他们知道出血就会痛，这样他们就会知道不遵守交通规则会有什么潜在的危险了。

生活在大都市里的孩子，家长从小就要教导孩子不能乱扔垃圾，一定要把垃圾扔到垃圾桶里。不管在公共场所还是在自家的车里，都不应把垃圾往外扔或扔到窗外。

在带孩子进行户外活动的时候，如果看到一个人在大马路上吐痰，孩子很好奇地盯着这人看很久，在孩子的生长过程中，他们从来没有看到过

这样的行为，觉得很好奇，这时家长要马上告诉他们这是不好的行为，痰里有很多细菌，这样吐在街上会把病菌带给其他人，其他人可能会生病。作为家长，应该第一时间引导他们认清正确的方向，让他们辨别是非对错，这样会让他们养成良好的行为规范，对今后的人生发展会是很好的铺垫。

亲子游戏

游戏内容：了解 6 月 5 日地球环境日。

游戏目标：培养宝宝保护环境的意识。

游戏道具：世界各地景色的图片、被污染环境的图片等。

游戏步骤：

（1）让孩子了解每年的 6 月 5 日是世界环境日。

（2）出示世界各地景色的图片，引导孩子看照片，了解环境优美的景色。

（3）再向孩子出示被污染了的环境的照片。

（4）向孩子提问，你更喜欢生活在以上哪两种环境中？

相关讨论：

（1）孩子是否知道环境日及其意义？

（2）孩子是否知道环境保护的重要性？

贴心提示

家长在培养孩子公共意识以及爱护公物习惯的时候，要注意自己的一言一行，因为家长的每一个动作对于孩子来说都是一种暗示和引导。比如，家长在陪孩子读书，或者拿着故事书给孩子讲故事的时候，拿书要双手拿，单手拿书会因为自身的重量而下沉，这样就容易损坏书籍。要让孩子感受到你对书的爱护，翻书时要一页一页地翻，翻的时候不要太急，不要太用力。还可以对孩子说："宝宝，看我这样轻轻地翻书，这样就不会弄坏了。"

187

第四部分 ■ 行为规则

要让孩子懂得分享意识。大多数孩子损坏公物都是由于争抢公物引起的。比如说，一件玩具，大家都争着要玩，你抢我夺，最后将玩具大卸八块了事。家长要让孩子按照次序来玩，要让他们懂得一起玩和交换玩的道理。这样才能确保物品的完整。

◆ 2. 衡量诚实和公正的标准

诚实是忠于事物或事情的本来面目，不隐瞒自己的真实思想，不掩饰自己的真实情感，不说谎，不作假，不为某种目的而欺瞒别人。幼儿诚实的表现主要是敢于承认错误、不欺骗别人，孩子的诚实表现在做了错事之后，敢于承认，这种行为是值得表扬的，养成诚实的良好习惯对孩子的成长是有益处的。

公正是道德修养的一个方面，是指不偏私、正直。孩子已经拥有初步公正的表现，他们对待事情可以不偏离事实，不袒护做错事的人。学会同情弱者、帮助弱者，看到弱者遇到困难，往往能够主动站出来帮助他们。看到有以大欺小的事情发生，也往往能挺身而出，帮助被欺负的人，制止欺负人的行为。

4岁的孩子已经知道，欺负人是不对的。有了好的东西，第一时间可以拿出来分享，不吃"独食"。例如，会把自己的玩具分享给没有玩具玩的小朋友，看到别人受到了欺负，会明白欺负人的孩子不是好孩子等。

5岁的孩子不会欺负比自己小的孩子，还可以主动与他们分享自己的物品和游戏经验，他们已经在家长和老师的引导下知道说谎是错误的，可以主动诚实地说出自己真实的想法，做到不隐瞒真相。

6岁的孩子能够帮助弱小的同伴，有的同伴在游戏中摔倒了，6岁的孩子会主动上前安慰他，对于那些霸道的、占有欲很强的小朋友，孩子会明确地表示反对，面对抢别人东西、自己独占幼儿园玩具的现象，他们会敢于亮出自己的观点，表示坚决地反对。6岁的孩子做错了事，能够主动承认错误，不说谎、不隐瞒、不推诿，敢于负责。这些都是孩子具备诚实、公正性的表现。

4岁儿童标准

标准内容

> 知道欺负别人不对；
> 知道好东西不能独占。

这一时期的孩子，独占行为在幼儿中间较普遍，但家长应该引导和教育孩子，让他们明白好的东西不能自己独占，不能自己独自享用，而要与其他同伴共享。其实潜在的行为规则对孩子有较强的约束力，但这种约束需要家长引导。

幼儿欺负别人主要发生在活动或游戏时，孩子在游戏中有了冲突，会在语言和身体上欺负别人。语言上的欺负是使用不文明、比较犀利的语言攻击同伴，身体上的欺负主要是手推、拉人、脚踢等等。家长应该让孩子清楚地认识到自己欺负别的同伴的行为是不对的，是不受欢迎的。经常欺负别的同伴，会失去很多朋友，会再也没有人跟他玩了，让孩子产生一种失去玩伴和趣味的危机意识。

典型案例

凯凯今年4岁了，是个远近闻名的小霸王，经常欺负其他的小朋友。无论是在家还是在幼儿园，总是想怎么样就怎么样，想要什么就非要得到不可，否则就会吵闹不休，甚至还经常动手打人，任凭老师、父母怎么好言相劝或是训诫，都不奏效。班里的小朋友都怕他，做游戏都不愿意跟他一组，邻里的孩子也不愿意和他一起玩。凯凯的妈妈很担心，孩子长期这样下去，可能会一个朋友都没有。

案例分析

在这个案例中，凯凯因为非常霸道，经常欺负小朋友，所以小朋友们都对他避之唯恐不及，使得凯凯不管是在家里还是在幼儿园都缺少朋友，没有人愿意陪他玩。

像凯凯这样霸道的孩子，通常喜欢欺负别人，用命令的语气对别人说话，家长都对这样的孩子感到很担忧，但家长对这样的孩子的教育却往往爱走极端。要么是打骂训斥，要么是顺从放纵。如果孩子从小只会指挥命令别人，采取这种强迫的方式，久而久之，孩子会不受同伴欢迎，甚至可能会被同伴"孤立"，这对孩子的成长极为不利。

家长在平时教育孩子的过程中，要注意多给孩子关爱、自由，当孩子霸道、哭闹时，家长要用温和的语气、坚决的行动来教育孩子，而不是对孩子进行大声呵斥，甚至对孩子大打出手。家长可以将孩子带进一个房间，给孩子讲清道理，在他没意识到自己错误之前，让孩子独自待在里面，这样做既不会让孩子难堪，又能给孩子一个平静的时间，同时也让孩子感受到自己要为自己的行为承担责任的意识。

专家指导

每个孩子都要经历"自我为中心"的阶段，学龄前的宝宝任性、不讲理是很正常的。孩子爱抢东西和打人，是因为他喜欢用攻击、强迫的手段来达到目的。家长很想去纠正这个行为，但又不知道该怎样管，很是烦恼。

首先，家长先要了解孩子欺负别人行为背后的原因。宝宝的心理和生理都处在关键的发展期，有时候不能把自己的要求和愿望用语言表达清楚，特别是有强烈情绪的时候，就很可能使用打人、骂人等不当的形式。家长要在孩子面前树立良好的典范，如果家长平时在家里就爱打孩子，或其他亲人习惯使用暴力，会对孩子有严重的不良影响。还有的是父母对孩子太溺爱，孩子通过发脾气、打人的方式可以迫使父母就范，他的粗暴行为得到了好处，这种行为就会得以延续。

其次，家长要引导孩子使用合适的方法来表达情绪和不满，当孩子欺负人时，家长要马上拉开自己的孩子，让孩子明白，打人并不能实现目的。比如，如果希望玩小朋友的玩具，父母可以帮孩子一起跟对方商量，征得人家同意，借用一会儿。总之，要教会孩子通过平和的沟通来达到目的。比较溺爱孩子的父母要注意自己的原则，要说话算数，如果不答应的事，孩子再发脾气也不妥协，而能答应的事，就不要等孩子哭闹了或打人了再答应。

亲子游戏

游戏内容：分倒果汁。

游戏目标：培养宝宝分享的意识。

游戏道具：一大瓶果汁，杯子若干。

游戏步骤：

（1）请孩子幼儿园里的小朋友到家里做客。

（2）让孩子分别倒果汁给小朋友们喝。

（3）请小朋友们一起来分享果汁。

（4）引导孩子对其他小朋友说"请喝果汁"。

相关讨论：孩子是否能够体会与大家分享果汁的乐趣？

贴心提示

攻击性很强的孩子，平时家里的环境会对他们造成很大的影响，比如经常看电影、电视里的暴力镜头，都可能使孩子逐渐形成攻击性行为。这就要求家长首先要给孩子提供和谐的生活环境。家庭成员间发生分歧时，最好不要当着孩子的面互相攻击、吵闹。

最重要的是，家长在引导孩子、教育孩子的过程中，不能体罚孩子，因为体罚会使孩子感到委屈、无助，甚至产生抵触情绪。这种情绪很容易导致孩子产生用"打人"解决问题的习惯。对于这种行为，正确的做法是在坚决制止后，进行冷处理，不理他，等情绪平静下来再和他讲道理，并予以适度惩罚，如一段时间内不让他看电视或外出等。如果孩子在一段时间内没有出现攻击性行为，一定要给予表扬和鼓励，这样能更有效地巩固其良好行为。

当然，教会孩子正确宣泄情感也很重要，因为孩子在受到挫折、感到愤怒却无法发泄时，容易产生攻击性行为。这时，可以让他捶打一件无关紧要的东西，例如枕头、被子等，或向家人诉说。

5岁儿童标准

标准内容

> 不欺负弱小同伴；

> 好东西自己不独占，能与同伴分享；

> 知道说谎是不对的。

　　5岁孩子已经懂得不能欺负弱小的同伴，相反应该多关心他们，因为别人也和自己一样是有自尊的。这个年龄的孩子都能做到关心弱者，在别的小朋友哭泣时，会及时地上去给予安慰。随着年龄的增长，孩子开始知道欺负别人是不对的，意识到弱小同伴是不能欺负的，这表明孩子的道德意识正在不断地增强。

　　在这个阶段，由于自我意识的增强，孩子会形成一种自我保护的意识，害怕被父母和老师批评，所以，就出现了说谎的现象，有些孩子的说谎现象是很严重的。有的家长认为孩子会说谎了，就非常着急，甚至会用一些比较激烈的手段来制止孩子的说谎行为，比如打骂孩子、不让孩子吃饭、关孩子的禁闭等。其实，孩子说谎只要是为了掩盖事实，怕家长或老师责骂，或者是希望得到奖励，用说谎来把事情往好的方面去说。孩子说谎还由于其生理原因，由于这个年龄阶段思维和认知能力发展的限制，孩子往往把想象的事情作为事实说出来。所以，家长既要让孩子知道自己说谎是不对的，又要积极地引导孩子说实话，不隐瞒真相。

　　此外，5岁的孩子会主动与同伴分享一些玩具、零食等，对于这个阶段的孩子来说，自我意识还是比较浓厚的，家长要帮助孩子克服自我中心意识，让他们能够做到好的东西不独自占有，能与同伴之间分享，轮流去玩、去用。

第四部分　行为规则

一天中午，老师像往常一样和值日生一起做着午间卫生清洁工作，教室外其余孩子的喧哗声并没有引起老师过多的在意。没过多久，刘惠跑进来向老师哭诉："老师，袁琦把我的衣服扔到楼下去了。"其余孩子也纷纷跑来告诉老师事情的经过。于是，老师叫来袁琦："袁琦，是不是你把刘惠的衣服扔下楼了？"袁琦忙说不是他。刘惠见了着急地指着他说："就是你扔的。"袁琦依旧否认着。老师说："好吧，现在请袁琦去楼下把刘惠的衣服捡上来。"袁琦按照老师的话照做了。

到了午睡时间，老师把袁琦一个人叫到了教室外，蹲下身来轻轻地对他说："老师最喜欢诚实的小朋友了，袁琦是个好孩子，好孩子也有做错事的时候，不过撒谎是最不好的行为，老师相信你一定会勇敢地承认错误的！"可是此刻的袁琦却依然不肯承认，什么也不说。老师想也许他是怕别人听到，就让他轻轻地在老师耳边说。袁琦才终于承认："老师，我错了，你能原谅我吗？"老师握着他的小手，微笑着对他说："你能主动承认错误，老师不会怪你的。以后遇到这样的事情，你要有勇气直接跟老师说，不能再撒谎，老师依然喜欢你。"袁琦使劲点了点头。

案例分析

在这个案例中，袁琦不小心把刘惠的衣服弄到了楼下，因为怕老师批评他，所以最开始袁琦始终没有承认，最终，在老师的引导下，袁琦才说了实话，并请求老师的原谅，老师也原谅了袁琦。

在日常生活中，家长发现孩子撒谎，不要急于认为是孩子道德品质出现了问题，要重视，但也不要过分紧张，不要不分青红皂白就责备孩子，这样会刺激到孩子的自尊心，孩子很可能会对自己丧失自信，到了一定年龄，他们就会出现逃学、盗窃等行为，从而走上歧途。一般而言，孩子撒谎与家长错误的应对策略有很大关系，当家长发现孩子出现撒谎行为时，不要立即当众指责或教训他，像本案例中的老师一样，最好另找一个合适的时间单独与孩子谈。要仔细了解孩子说谎的潜在原因，比较小的孩子由于判断不准，往往把心里想的当做事实说出来，家长要用心去体会孩子的内心需求，而不是简单责备孩子说假话，并且要耐心教导孩子区分现实与幻想；如果撒谎是为了避开痛苦的经验或回忆则应该真诚关怀他，指导他直面问题，敢于承担责任。

当孩子主动向家长说出事实后，家长应当奖赏孩子的真话，大多数孩子撒谎是为了逃避处罚，家长应该忽视孩子的谎言，接纳孩子的恐惧情绪，容许孩子犯错，让孩子有说实话的勇气，说实话时要多加奖励；不要严厉处罚，用严厉的惩罚来威胁孩子，往往会让孩子说更多的谎。

专家指导

4、5岁的孩子偶尔撒个小谎，是一种非常普遍的现象，其实这个年龄段的孩子撒谎，是自尊心逐渐增强的表现。

孩子做了正确的事情时，他一定不会撒谎，有时他会很高兴地主动告诉家长他的所作所为，并期望得到家长的肯定和赞扬。只有当他认为自己做了错事时，他才会竭力伪装、隐瞒，因为他要维护自己的尊严，他怕丢面子，当然也有些是害怕家长责备和惩罚。

家长要把孩子培养成诚实守信的孩子，就要注意维护孩子的自尊，发现孩子撒了谎，不要当面揭穿。即便是你已经知道了事情的真相，知道孩子是当面撒谎，有时你也要装作不知道。如果你总是当面揭穿孩子的谎言，不仅容易引起冲突，使矛盾激化，而且日子久了，当他的自尊一点一点被你铲除干净的时候，你的孩子就会以消极的态度来面对眼前的人、事、物。

作为家长，当他遇到困难时，如果不仅不去帮助他，还要去指责他，那么孩子就会对你撒谎，不愿意让你知道真实情况。在某些情况下，孩子撒谎是一件好事，因为孩子还有自尊心，他知道他做得不好，怕惹你生气。

所以，当发现孩子撒谎时，家长要及时给予纠正，但要注意不要伤及孩子的自尊心，尤其是不要当众揭穿，要给他留面子。等到事后有适当的机会，再私下找他谈话进行教育。例如，如果走进孩子的房间，发现5岁的孩子把牛奶洒得到处都是，问道"是你干的吗?"这是在引导他说谎。如果你说，"你洒了牛奶，我们一起清理吧"，他就不大可能说谎。如果他还是说谎，最好一笑置之，同时让他明白，你知道他的小把戏，没必要因为说谎斥责他。

亲子游戏

游戏内容：亲子之间下跳棋。

游戏目标：培养宝宝诚实的品质。

游戏道具：跳棋、棋盘。

游戏步骤：

（1）爸爸首先和孩子玩跳棋，如果发现孩子故意多走了几步，不要及时揭穿。

（2）妈妈和孩子玩跳棋，也学孩子的样子故意多走几步，但要有意被孩子发现。

（3）孩子如果说"妈妈耍赖"，爸爸及时走过来，说出真相。

（4）向孩子说："妈妈下棋耍赖，都是和宝宝学的，如果宝宝以后乖乖下棋，妈妈就不会耍赖了。"

相关讨论：

（1）孩子在游戏中是否懂得要遵守一定的规则？

（2）孩子是否懂得做人应该诚实的道理？

贴心提示

要让孩子从小就诚实守信，首先父母要给孩子做个好榜样。英国教育家斯宾塞说过："野蛮产生野蛮，仁爱产生仁爱。"在家中，家长的一言一行无时无刻不影响着孩子，在孩子面前守信，就是为孩子做好榜样。"身教重于言教"，与其跟孩子说一百遍"守信用"，不如给他做一遍，以身作则，通过自己的言行来给孩子示范。例如，对孩子说过的话要算数，有时候家长一高兴，就对孩子说，明天我带你去哪里哪里玩、去买变形金刚、遥控赛车等，可是到了第二天，高兴劲一过，家长就把答应孩子的话全忘了，又不肯再遵守诺言，结果给孩子带来了负面的影响。

我国古代有一则很有名的故事叫《曾子杀猪》，讲的是春秋时，曾子的妻子答应孩子，要给孩子杀猪，炖猪肉，这时候恰巧曾子回来，他就要杀猪给孩子吃，妻子马上阻止曾子，说那只是她哄孩子的话，但是曾子却对妻子说，小孩子没有思考和判断能力，要向父母亲学习，听从父母亲给予的正确教导。现在你欺骗他，这就是教孩子骗人，长大了，他也会去骗别人的！于是，曾子把猪杀了，当晚给孩子炖了肉。这个故事告诉我们，在向孩子许诺之后，不能言而无信，答应孩子的事情就一定要做到。如果兑现不了，应该及时给孩子解释，向孩子道歉，事后应该设法兑现自己的承诺。因为孩子对家长说的话一向当真。否则，久而久之，孩子会对家长产生不信任感，并认为说了话可以不算数，慢慢地他们也会学着这样做的。

6岁儿童标准

标准内容

➤ 能帮助弱小同伴；

➤ 对独占行为能表示反对。如有小朋友长时间独占玩具时，敢于提出反对意见；

➤ 做了错事敢于承认，不说谎。

随着孩子年龄的增长，对比自己能力差的其他小朋友产生了同情心，能够献出爱心去帮助他们，比如帮小朋友整理玩具、帮他们融入到集体活动中等，孩子的道德素质由此不断提升。有些孩子身材瘦小或者发育迟缓，6岁的孩子能帮助这些比自己弱小的同伴，这对他的社会性发展是有重要意义的。

孩子的自我意识不断发展，看到别的小朋友错误的行为，能够站出来说"不"，能够说出反对意见。在游戏时，有的孩子占用玩具的时间很长，这时候孩子能够站出来反对，就说明孩子已经有了很强的规则意识。当某些孩子不守规则时，孩子就会维持规则，让游戏继续。

6 岁的孩子还懂得做了错事就要敢于承认，不说谎。敢于承认，是因为他懂得他触犯了行为规则，违反了规定，所以他知道做错了，就必须要承认错误，不说谎话来遮盖事实真相。这是孩子品德素质，也是孩子规则意识提高的具体表现。

典型案例

有一天宁宁跟着爸爸妈妈到姑姑家里做客。姑姑家里有一位表姐，也很喜欢宁宁，宁宁也喜欢和表姐一起玩儿。这天，他们在姑姑的房间里玩"捉人"的游戏，追着追着，宁宁跑得很快，不小心碰了桌子，"啪"，桌子上的花瓶掉在地上打碎了。

多好看的玫瑰花瓶，打碎了多可惜呀！两个孩子一下都呆住了。姑姑听到响声，赶忙跑到房间里来，瞧瞧出了什么事。她看见花瓶打碎了，就问两个人："孩子们，谁把花瓶打碎了？"表姐说："不是我打碎的。"宁宁也跟着说："不是我打碎的。"他说话的声音很低很低。姑姑说："你们谁也没有打碎花瓶，那么一定是花瓶自己打碎的了，大概它在桌子上站得心烦了，所以就掉了下来。"

表姐为了保护宁宁，也跟着说："大概这个花瓶想跟我们一起跑，所以从桌子上跳下来，可是它忘记了自己是玻璃的，就打碎了。"接着，姑姑和表姐两个人都笑了起来，只有宁宁没笑，不声不响地跑到另外的房间，坐在桌子前。他心里很难过，因为他说了谎。

他回到家里，晚上躺在床上，想着，想着，忽然哭起来了。妈妈问他："你为什么哭呀？"宁宁把自己说谎的事告诉了妈妈。妈妈说："这不要紧，明天你打电话给姑姑，承认自己说了谎，她一定会原谅你的。"宁宁这才安心睡觉了。第二天一大早，宁宁就给姑姑打电话，承认花瓶是自己打碎的。姑姑并没有责备宁宁，而是对他说："你做错了事，敢于自己承认错误，就是个好孩子。"宁宁将这件事告诉了爸爸妈妈，爸爸妈妈都称赞宁宁是个诚实的好孩子。

是花瓶自己从桌子上跳下来的。

谁把花瓶打碎了？

案例分析

　　在这个案例中，宁宁跟着爸爸妈妈到姑姑家，与表姐一起玩，不小心将桌子上的花瓶打碎了，姑姑问是谁打碎的，宁宁当时没有承认。事后，宁宁觉得很愧疚，就哭着告诉妈妈这件事，妈妈鼓励宁宁主动向姑姑承认错误，宁宁才主动给姑姑打电话承认是自己不小心打碎了花瓶。姑姑并没有责怪宁宁，还夸宁宁是个好孩子，因为宁宁主动承认了错误。爸爸妈妈听到这件事情后，也都称赞宁宁是个诚实的好孩子。

　　在生活中，有时孩子是为了自我保护，避免自己做错了事情以后受到大人的责备才说谎的，但狡辩的行为反而让父母误认为孩子缺乏罪恶感及羞耻心。事实上，正因为孩子有了强烈的不安心理和愧疚心理，才会害怕承认，辩称不是自己所做的；或在其以往的经验认知中，承认或说实话的结果，都是受到严厉的处罚，心中害怕。家长处理这类问题时，要保持冷静的态度，缓和孩子的害怕情绪，那么他们也就不必以谎言来保护自己。比如，案例中宁宁的妈妈在宁宁承认错误后，并没有责备他一开始说谎的行为，而是对他说："这不要紧，明天你打电话给姑姑，承认自己说了谎，她一定会原谅你的。"姑姑在听到宁宁承认错误后，也没有责备他之前说谎的行为，而是对他说："你做错了事，敢于自己承认错误，就是个好孩子。"

这些语气缓和的话，可以增添孩子勇于承认错误的勇气，家长从小培养孩子这样一种观念：做错了事，不一定是坏孩子，做错了事勇于承认，那一定是好孩子！天长日久，孩子不会因为做错了事而感到害怕，反而会认为做错了事主动承认错误，并从中吸取教训，才是好孩子。

专家指导

有的家长遇到孩子说谎，会认为自己的管教方式不对；有的家长则是反应过度，好像孩子犯了什么滔天大罪；也有的家长似乎不在意这个问题，反而让孩子不知道说话的分寸。其实，面对孩子说谎，最好的态度是家长与孩子一起面对这样的问题，帮助孩子找到比说谎更好的方式，去解决目前遇到的困难。

（1）孩子犯错时，家长要先稳定自己的情绪，不要贸然发火或是大声斥责，不要让孩子受到惊吓或是感到害怕，这样才能清楚知道孩子说谎的动机和目的是什么，在一个客观平静的气氛下，亲子之间的互动关系才有正向的发展。

（2）家长必须持一个态度，针对问题点来解决，而不是一味批评孩子，让孩子失去自尊心。您可以这样与孩子讨论："如果你说出当时发生的事，妈妈会更高兴，可是你刚才说的话，好像不是真正发生的事，你愿意再想一想吗？"使用开放式的问题，预留一些空间给孩子，将会给他更多的帮助。

（3）可以告诉孩子，即使他这一次犯错，但是妈妈很高兴他能有勇气承认，而且相信他下一次不会再犯同样的错误；也可以将自己小时候类似的经验与他分享，让孩子知道这不是最糟糕的情况。此外，当孩子愿意承

第四部分 行为规则

认错误时，要给予适时的鼓励，让他能继续朝着正向行为发展。

亲子游戏

游戏内容：给孩子讲故事。

游戏目标：培养宝宝主动承认错误的品质

游戏道具：故事书、图片等。

游戏步骤：

（1）选择睡前或晚饭后，给孩子讲故事《诚实的小华盛顿》。（故事大致内容：美国首任总统华盛顿在小时候拿着斧头砍倒了爸爸的樱桃树，爸爸回到家后看到自己心爱的樱桃树被砍了，就问小华盛顿，小华盛顿说是自己砍的，他想试试自己的斧头快不快。爸爸看到他能够主动承认错误，并没有责怪他，而是对他说："爸爸宁愿损失一千棵樱桃树，也不愿你说一句谎话。爸爸原谅诚实的孩子，不过，以后再也不能随便砍树了。"华盛顿望着父亲，懂事地点了点头。）

（2）问问孩子，华盛顿的爸爸为什么说自己宁愿损失一千棵樱桃树，也不愿华盛顿说一句谎话？

相关讨论：

（1）孩子是否理解故事内容？

（2）孩子是否懂得做错事后应该主动承认错误的道理？

贴心提示

人之初，性本善，每个宝宝在父母的眼里都是完美而可爱的。可随着宝宝一天天长大，不少父母都觉得孩子越来越不那么可爱了，因为他越来越难以管教。有一天，宝宝竟然学会了说谎，做错事后不肯承认。

而说谎，并不意味着宝宝道德方面出现了问题，而是因为他们自身逐渐形成了道德观和是非观，有时宝宝会通过判断成年人的态度，问话的语气、语调，问话的方式、情感以及暗示的指向等来决定怎样回答问题。所以这些环境因素都可能会成为宝宝说谎的诱因，但又常常被成年人所忽视。

当宝宝下意识地说谎时，不要急于否定宝宝，给宝宝贴上"说谎"的标签，这样会让宝宝失去为自己辩护的机会，容易在心理上投下阴影，有些宝宝会因此形成说谎的习惯，在成长的过程中造成道德缺陷。

说谎发生后，做父母的首先要弄清他为什么要说谎，这是非常重要的。一般来说，孩子在比较宽容的大人面前不爱说谎，因此，父母应该努力与宝宝建立起一种亲密的互相信赖的关系。当宝宝说出真相后，决不可凶神恶煞地马上加以训斥甚至处罚，相反我们还应该心平气和地与他们娓娓而谈，要用爱去消除他们心中的疑虑，使他们明白说谎的危害，知道诚实的可贵，教育他们以后不再说谎。